力量

朗達・拜恩

「這是宇宙中所有事物之所以完美的原因。」

翡翠石板（約西元前3000年）

獻給你

目錄

作者序

二〇〇四年九月九日是我畢生難忘的一天。那天我醒來時，覺得只不過是另一個早晨而已，結果，它卻成為我一生中最棒的一天。

如同大多數人一樣，我努力工作以維持生活，盡可能去處理各式各樣的困難和障礙，但二〇〇四年對我來說卻是特別艱難的一年，各種充滿挑戰性的狀況幾乎讓我招架不住。我的人際關係、健康、職業和財務狀況似乎到了難以挽回的地步。愈來愈多困境圍繞著我，讓我找不到出路。接著，事情就這麼發生了！

我的女兒拿給我一本百年古書[注1]，而在我花了九十分鐘閱讀那本書的期間，我的整個人生改變了。我了解到生命中的

注1：華勒思・華特斯，《失落的致富經典》（方智出版）。也可以到《祕密》的官網（www.thesecret.tv）免費下載這本書的英文版。

每一件事是如何發生的,而且馬上知道要做些什麼來讓它們變成我想要的。我發現了一個祕密,一個流傳了好幾世紀、歷史上卻只有少數人知道的祕密。

從那一刻起,我眼中所見的不再是同一個世界;事實上,這個世界真正的運作方式,和我過去以為的完全相反。幾十年來,我一直相信生命中所遇到的事情就只是發生在我們身上而已,但是現在,我已經了解這令人難以置信的真理。

我也發現大多數人不知道這個祕密,所以我開始跟全世界分享。我克服了所有想像得到的困難,製作了《祕密》這部影片,並且在二〇〇六年發行;那一年的下半年,我寫了《祕密》這本書,讓我得以分享更多我的發現。

《祕密》這本書上市之後,散布的速度像光速一樣,一傳十、十傳百,穿越了整個地球。因為知道了這個祕密,現在世界各地有上千萬人正透過難以想像的方式,改變他們的生命。

當人們學會如何透過《祕密》改變自己的生命時,跟我分享了成千上萬的神奇故事,讓我對人為何會在生命中經歷困境有了更多見解,而這些見解就集結成為《The Power力量》這本書中所要傳遞的知識——可以馬上改變生命的知識。

　　《祕密》揭露了吸引力法則——掌管我們生命最強大的法則，《The Power力量》則包含了自二〇〇六年《祕密》上市以來，我所學到的每件事的精華。在《The Power力量》中你會了解到，要改變你的人際關係、金錢、健康、快樂、職業及整個人生，其實只需要一樣東西。

　　你不必先讀過《祕密》才能透過《The Power力量》改變自己的人生，因為你需要知道的每件事，都已經包含在《The Power力量》這本書裡；不過，如果你已經讀過《祕密》，那麼這本書將無限擴充那些你早已經知道的知識。

　　你需要知道的事情很多，關於你自己和你的人生，你還有很多要了解的，而且全都很美好——事實上，它們不只美好，而是精采非凡！

感謝

　　我要對歷史上所有冒著生命危險，讓生命的知識和真理流傳於世的偉大人物表達最深的謝意。

　　《The Power力量》這本書得以完成，全靠以下這些人全力協助，我想向他們表達我的感激：謝謝絲凱・拜恩出色的編輯工作，也謝謝她與珍妮・柴爾德的引導、鼓勵、專業知識與無價的投入；感謝喬許・哥爾德嚴謹的科學及歷史研究；感謝高瑟多媒體的薛莫斯・霍爾和尼克・喬治為本書做設計；感謝尼克提供原創性的藝術作品及圖片，並致力於創作出一本有力而美麗的書，讓每個手握此書的人生命都能被觸動。

　　深深地感謝賽門・舒斯特出版公司所有相關工作人員——謝謝卡洛琳・雷狄和裘蒂絲・柯爾對我的信心，也謝謝她們願意敞開心胸接受新方式，讓我們可以一起為數十億人帶來喜悅；感謝我的編輯萊絲莉・梅勒迪斯讓《The Power力

量》的編輯過程變成完全的喜樂；感謝編審群佩格·哈勒、金柏莉·高德斯坦和伊索爾德·紹爾；感謝賽門·舒斯特其他團隊成員孜孜不倦地工作——丹尼斯·歐羅、麗莎·凱姆、艾琳·艾哈恩、達琳·德里羅、崔絲妮·范、基特·瑞可德及唐娜·羅佛瑞朵。

　　我要對《祕密》團隊的工作夥伴及親愛的朋友表達愛與感恩，因為他們有勇氣敞開心胸接受各種可能性，並克服了每一項挑戰，讓我們得以將喜悅帶給全世界：保羅·哈林頓、珍妮·柴爾德、唐納德·齊克、安德列·凱爾、葛蓮達·貝爾、馬克·歐康納、達米安·克爾伯伊、丹尼爾·克爾、提姆·派特森、海莉·拜恩、柯麥隆·波伊爾、金·維南、彩·李、蘿莉·莎拉波夫、絲凱·拜恩、喬許·高德、尼克·喬治、蘿拉·簡森及彼得·拜恩。

　　感謝加德納·佘律師事務所的律師麥可·加德納和蘇珊·佘；深深地感謝曼格·托爾斯律師事務所的律師布萊德·布萊恩和路易斯·李，謝謝他們的引導和專業知識，謝謝他們提供了正直與真理的活典範，也謝謝他們為我的人生帶來正面性。

　　感謝持續啓發我追求卓越、我親愛的朋友們：伊蓮·貝特、布麗姬·墨菲、保羅·蘇丁、馬克·韋弗、弗雷德·內德、達尼·哈恩、鮑比·韋布、詹姆斯·辛克萊、喬治·維南、卡

門‧維斯克斯、海爾默‧拉基斯巴達，還有最後但同樣重要的，安琪兒‧馬汀‧維里歐斯，她靈性的光芒和信念讓我提升到新的層次，得以實現為數十億人帶來喜悅的夢想。

　　感謝我的兩個女兒——海莉和絲凱，她們是我最棒的老師，她們的存在點亮了我每天的生活；感謝我的姊妹寶琳、葛蓮達、珍妮和凱伊，她們給予我永無止盡的愛與支持，讓我度過美好的時光及充滿挑戰的歲月。二○○四年我們的父親突然死亡，這件事帶領我發現了《祕密》；而在寫《The Power力量》的過程中，我們的母親——我們最好的朋友——過世了，留下我們繼續過著沒有她陪伴的人生。她期許我們盡可能成為我們最好的樣子，並無條件地去愛，這樣我們就能讓這個世界有所不同。媽，我打從心底感謝妳所做的一切。

前言

你本來就該擁有**精采**的人生！

你本來就該擁有你喜愛和渴望的每樣事物；你的工作本來就該讓你振奮，而且你本來就該實現你想要實現的一切；你和家人及朋友的關係本來就該有滿滿的快樂；你本來就該擁有過一個充實、美好的人生所需的金錢；你本來就該實現夢想——你所有的夢想！如果你想旅行，你本來就該去；如果你想展開一項事業，你本來就該開創；如果你想學跳舞、開遊艇或義大利文，你本來就該去做；如果你想成為音樂家、科學家、公司老闆、發明家、表演者、父母，或是任何你想成為的角色，你**本來就該**是那樣的人！

每天當你醒來時，你本來就該興奮滿點，因為你**知道**這一天會充滿美好的事物；你本來就該開懷地笑，並且充滿喜悅；你本來就該覺得強壯且安全；你本來就該對自己感覺美好，知道你是無價的；你的生命中當然會有挑戰，也應該有挑戰，因為它們會幫助你成長，而你本來就知道如何克服那

些問題和挑戰；你生來就注定要獲得勝利！你生來就注定要快樂！你生來就注定要擁有**精采**的人生！

　　你生來不是為了掙扎度日；你生來不是為了過那種喜悅時刻寥寥可數的人生；你生來不是為了一星期五天辛苦工作，而週末的快樂時光卻稍縱即逝；你生來不是只能帶著有限的能量過日子，每天在一日將盡時都感到筋疲力竭；你生來不是為了擔心或害怕；你生來不是為了受苦。你是為了什麼活著？你本來就應該盡情體驗生命、擁有你想要的一切，同時充滿喜悅、健康、活力、興奮與愛，因為那才是精采的人生！

　　你夢想中的人生，以及你想成為、實現或擁有的一切，其實都比你所知道的還要接近你，因為能讓你擁有想要的一切的力量，就在你之內！

　　　「有一個無所不在、至高無上的力量在掌管這個大
　　　千世界，而你是這力量的一部分。」

　　　　　　　　　　　　　　普蘭特斯・馬福德 (1834-1891)
　　　　　　　　　　　　　　　　　　　新時代思想家

在這本書裡，我想為你指出通往精采人生的路，你將發現某些跟你自己、你的人生和宇宙有關的事，那些事情很不可思議。人生比你想像的簡單許多，而當你了解生命運作的方式，以及你內在擁有的那股「力量」時，就能全然體驗到生命的魔力──接著，你將擁有精采的人生！

現在，就讓你生命的神奇力量開始展現吧！

這股力量是什麼？

「我說不出這股力量是什麼，我只知道它存在。」

貝爾 (1847-1922)

電話發明者

　　人生其實很單純，只有正面事物及負面事物這兩種組成元素。你人生的每個層面，無論是健康、金錢、人際關係、工作或快樂，對你來說不是正面就是負面——你可能擁有很多金錢或缺錢；你的身體可能很健康或狀況欠佳；你的人際關係可能圓融無礙，也可能很不順；你從事的工作可能令你振奮且成就斐然，或者你對工作不滿且屢遭失敗；你可能幸福美滿，也可能大部分時間都不快樂；你的人生可能高低起伏，有好日子，也有苦日子。

　　假如你人生中的負面事物多於正面事物，你就知道一定有什麼地方不對勁。當你看到別人過得快樂且充實，生活中充滿很棒的事情時，你心底的某處告訴你，其實你也值得擁有那些東西——你是對的，你**的確**值得擁有一個滿溢著美好事物的人生。

　　大多數擁有美好人生的人不知道自己到底做了什麼事，才擁有這樣的人生，但他們**的確**是做了某件事。他們使用了一股力量，而這股力量正是生命中所有美好事物發生的起因……

　　每個擁有美好人生的人都是運用**愛**達成的，毫無例外。能讓人擁有生命中所有正面和美好事物的力量，就是**愛**！

　　有史以來，每個宗教，以及每一位偉大的思想家、哲學家、先知和領導者都一直在談論愛、描寫愛，但許多人無法眞正了解他們的智慧話語。雖然他們的教導是針對那個時代的人，不過他們帶給世界的唯一眞理和訊息仍適用於現代：**去愛吧**，因爲當你愛的時候，你就運用了宇宙間最偉大的力量。

愛的力量

「*愛是一種元素，雖然肉眼看不見，卻如空氣或水一般眞實。它是一股行進中的、有生命力的、移動中的力量……如同海裡的波浪和潮水般移動著。*」

普蘭特斯，馬福德 (1834-1891)
新時代思想家

　　世界上最偉大的思想家和宗教領袖所談論的愛，和大多數人理解的愛非常不同。它遠超過愛你的家人、朋友和最喜歡的事物，因為愛不只是一種感覺，而是一股正面力量。愛並不微弱、虛弱或軟弱，它是生命中**那股**正向積極的力量！愛是**所有**正面和美好事物的起因，人生中沒有上百種正面力量，只有一種。

　　大自然有許多強大的力（如重力和電磁力）是我們察覺不到的，但是它們的力量卻無可爭論。同樣地，我們也察覺不到愛的力量，但事實上，它的力量遠超過大自然的任何一種

力。世界的各個角落都看得見其力量的實證：沒有愛，就沒有生命。

試想一下：這個世界如果沒有愛，會變成什麼樣子？首先，你根本不會存在；沒有愛，你不會被生下來，你的家人和朋友也是——事實上，這個星球會連一個人類也沒有。若愛的力量止息，那麼整個人類將會漸漸消失，終至滅亡。

每一項發明、發現及人類創造物都源自人心中的愛。如果不是萊特兄弟的愛，我們無法搭飛機飛行；如果不是科學家、發明家及發現者的愛，我們不會有電、熱或光，也無法開車，或是使用電話、器具或任何一項讓生活更不費力、更舒適的科技。沒有建築師和施工者的愛，就不會有家、建築物或城市；沒有愛，就沒有藥、醫生或急救設施，沒有老師、學校或教育，也沒有書、沒有畫作、沒有音樂，因為這些東西都是愛的正面力量創造出來的。現在環顧四周，如果沒有愛，你所看到的每一件人類創造物都不會存在。

「沒有愛，地球便成了墳墓。」

羅伯特・布朗寧 (1812-1889)
詩人

愛是驅動你的力量

　　你想成為、實現或擁有的一切都來自愛。沒有愛，你不會移動，也不會有正面力量驅使你每天早上起床、工作、玩樂、跳舞、聊天、學習、聽音樂，或做任何事情——你會像個石雕一樣。鼓舞你前進，讓你渴望成為、實現或擁有一切的，正是「愛」這股正向積極的力量。愛的正面力量可以創造一切美好事物、增加美好的東西，並改變你生命中的任何負面事物。你擁有掌控健康、財富、職業、人際關係及人生各個層面的力量，而且那股力量——也就是「愛」——就在你之內！

　　但是，如果你有力量控制自己的人生，而且那個力量在你之內，為什麼你的人生並不精采？為什麼你的人生不是每個領域都有傑出的表現？為什麼你並未擁有你想要的每樣東西？為什麼你一直沒辦法做你想做的每一件事？為什麼你不是每天都滿心喜悅？

　　答案是：因為你有選擇權。你可以選擇去愛，並運用這股正面力量，也可以選擇不要。而無論你是否意識到，你生命中的每一天——你生命中的每個**時刻**——都在做這個選擇。每當你在人生中體驗到美好事物時，就表示你有去愛，而且運用了愛的正面力量，毫無例外；而每當你經歷不愉快的事情時，就表示你沒有去愛，其結果就是負面的。愛是你生命

中所有美好事物的起因，而缺乏愛就會引起一切負面事物及痛苦，然而悲慘的是，從現今全世界所有人的人生，乃至人類整個歷史來看，人們對這股力量顯然還缺乏認識與了解。

> 「愛是世界上最強大，同時也是最不為人知的能量。」
>
> 德日進（1881-1955）
> 牧師及哲學家

　　現在，你就要學到造就出生命中所有美好事物的唯一力量，接收它的相關知識，而且你將能使用它來改變整個人生。但是首先，你要了解愛**到底**是如何運作的。

愛的法則

　　宇宙是由各種自然法則所掌管。我們可以搭乘飛機飛行，是因為航空技術與自然法則和諧一致。物理法則不會為了讓人類能飛而改變，但我們找到了與自然法則和諧一致的方法，因此可以飛翔。正如飛行、電及重力是由物理法則所控

制，同樣地，也有一條法則在掌管「愛」。如果想駕馭愛的正面力量、改變你的人生，就一定要了解這個宇宙間最強大的法則，也就是吸引力法則。

吸引力法則正是那股大至支撐宇宙中每一顆星辰，小至形成每一個原子和分子的力量。太陽的吸引力量抓住太陽系的行星，讓它們不至於猛然衝進太空；重力的吸引力量則抓住你和地球上的每個人、動物、植物及礦物。你也可以在萬物中觀察到吸引的力量，例如花朵吸引蜜蜂、種子從土壤中吸取養分，以及每一種生物都會被同類物種吸引。吸引力在陸地上所有的動物、海裡的魚和空中的飛鳥身上運作，讓牠們的數量倍增並成群；吸引力讓你身體的細胞、你房子的材料、你坐的家具得以聚合成形，而且讓你的車能行駛在路面、讓水能裝在杯子裡。你使用的每個物品都是透過吸引力而成形。

吸引力是那股把人們帶到其他人面前的力量，它吸引人們形成城市和國家，以及有共同興趣的團體、俱樂部和社團。正是這股力量吸引這個人進入科學領域、讓那個人對烹飪感興趣；它牽引人們從事不同的運動、欣賞不同類型的音樂、喜愛某種動物和寵物。吸引力拉著你到你最喜愛的事物那兒去、前往你喜歡的地方，也是這股力量把你帶到你的朋友及所愛的人面前。

愛的吸引力量

　　所以吸引的力量究竟是什麼？吸引的力量就是愛的力量！吸引力**就是**愛。當你被喜愛的食物吸引時，你就對那個食物產生愛；如果沒有吸引力，你不會有任何感覺，所有食物對你來說都是一樣的。你不會知道你愛或不愛什麼，因為任何事物都不吸引你；你不會被某個人，或是某個城市、房子、車子、運動、工作、音樂、衣服或任何事物吸引，因為透過吸引的力量，你才感覺得到愛！

　　「吸引力法則或愛的法則，這兩者是一樣的宇宙律。」

查爾斯·哈尼爾（1866-1949）

新時代思想家

　　吸引力法則**就是**愛的法則，它正是讓萬事萬物——從無數的銀河系到原子——保持和諧的萬能定律。它存在宇宙萬物中，且透過每一件事情運作著；它同時也是在你生命中運行的法則。

　　用通俗的說法來解釋，吸引力法則說的就是「同類相吸」，它對你生命的意義，簡單來說就是：你給出去的，就

是你會**得到**的。在生命中，無論你給出去的是什麼，收回來
的就會是什麼；根據吸引力法則，你會把你給出的事物吸引
回來，無論那是什麼。

「*每個作用力都有一個大小相等、方向相反的反作
用力。*」

牛頓（1643-1727）
數學家及物理學家

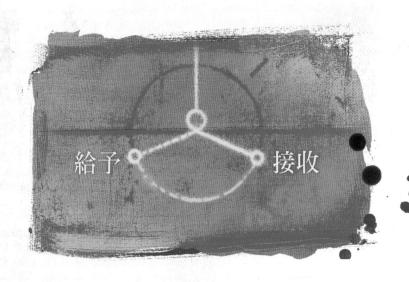

給予　　接收

每個**給予**的動作，都會創造出一個**接收**的相反動作，而且
你接收到的總是等於你給出去的。在生命中，無論你給出什
麼，都一定會回到你身上，這是宇宙的物理學和數學。

　　給予正面事物，你**接收**回來的就會是正面事物；**給予**負面事物，你**接收**回來的就會是負面事物。把正面積極性給出去，你就會接收到一個充滿正向事物的人生；把負面消極性給出去，你就會接收到一個充滿負向事物的人生。那麼，你是如何給出正面性或負面性的呢？透過你的思想和感覺！

　　無論何時，你不是在給出正向思想，就是在給出負向思想；不是在給出正面感覺，就是在給出負面感覺。而不管它們是正面或負面，都將決定你生命中得到的一切。組成你人生每一刻的所有人事物，都是透過你給出去的想法和感受而吸引回來的；你生命中的一切都不是偶發的，你**接收到**的所有事物都是以你**給出去**的為基礎。

　　「你們要給人，就必有給你們的……因為你們用什麼量器量給人，也必用什麼量器量給你們。」

耶穌（約西元前5年至西元30年）
基督教創始人，《聖經》路加福音第六章第三十八節

　　你給予什麼，就會回收什麼。當你幫朋友搬家時，可以確定的是，那份協助與支持會以閃電般的速度回到你身上；而當你對讓你失望的家人生氣時，那份憤怒也將被包藏在生命情境中回到你身上。

　　你正透過自己的思想和感覺創造你的生命，你所想、所感受到的，創造了發生在你身上和你在生活中經歷的一切。如果你心想並感覺到：「我今天過得很辛苦，壓力好大。」那麼你就會吸引所有讓你的日子變得辛苦且充滿壓力的人事物回到你身上。

　　如果你心想並感覺到：「人生對我來說真是太美好了。」就會吸引所有讓你的生命真正美好的人事物來到你身邊。

你是磁鐵

　　吸引力法則會根據你給出去的，來給予你生命中的每一樣事物，從不失誤，絕對可靠。你藉由釋放出去的思想和感覺，吸引並接收到財富、健康和人際關係方面的情境、你的工作，以及你人生中的每一件事情和經歷。如果給出跟金錢有關的正面思想和感覺，你就會吸引帶給你更多錢的正面人事物；假如釋放出去的跟金錢有關的思想和感覺是負面的，你就會吸引導致你缺乏金錢的負面情境、人物和事件。

> 「我不知道人類是否會有意識地按照愛的法則行事，但那個問題並不會困擾我。無論我們接不接受，愛的法則依然運作，就像重力法則一樣。」

聖雄甘地（1869-1948）

印度政治領袖

你的所思所覺，吸引力法則肯定都會回應你。無論你的思想和感覺是好是壞，一旦釋放出去，它們就會像你說話的回聲一樣，自動且精準地回到你這裡。然而，這也表示你可以藉由改變你的思想和感覺，來改變自己的生命——給出正面的思想和感覺，你就能改變整個人生！

正面思想和負面思想

你腦中聽見和嘴裡大聲說出來的話，都是「思想」。當你跟某人說：「今天天氣真好。」你是先有了這個想法，然後才說出這句話。你的思想還會變成行動——早上起床時，你是有了「起床」這個念頭之後才採取行動的；如果沒有先產生這個念頭，你是不可能有動作的。

你的思想決定了你的言語和行動是正面或負面。不過，你怎麼知道自己的想法到底是正面的或負面的？當你想著你想要、你喜歡的事物時，你的思想就是正面的；而當你想著你不想要、不喜歡的事物時，那就是負面思想。就這麼簡單、這麼容易。

無論你想要的是什麼，你會想要它，是因為你喜愛它。花點時間想一想：你不會想要那些你不喜歡的事物，對吧？每個人都只想要他們喜歡的東西，沒有人想要他們不喜愛的事物。

當你想到或聊到你想要及喜愛的事物時──例如，「我喜歡那些鞋子，它們真漂亮。」──你的思想是正面的，而那些正面思想會以你所喜愛的事物形式──漂亮鞋子──回到你身上。當你想到或聊到你不想要、不喜歡的事物──例如，「看看那些鞋子的價格，簡直是在搶錢。」──這時你的思想是負面的，而那些負面思想將會化作你不喜歡的事物──對你來說太貴的東西──回到你這裡。

比起喜愛的事物，大多數人**更常**思考及談論他們不喜歡的一切。他們釋出的負面性比愛還多，如此一來，他們就不經意地奪走了自己生命中所有美好的事物。

　　沒有愛,不可能擁有美好人生。那些擁有美好人生的人,**更常**想、**更常**談到他們喜愛的事物,而不是不喜歡的東西!而那些日子過得很辛苦的人思考及談論的則是不喜歡的事物,**多過**喜愛的一切!

> 「有一個字將我們從生命中所有的負擔和痛苦中釋放出來,那個字就是愛。」
>
> **索福克勒斯**（西元前496-406）
>
> 希臘劇作家

談論你喜愛的事物

　　當你談到任何跟金錢、人際關係、疾病有關的難題,或甚至是提到你的事業獲利減少時,都不是在談論你喜愛的事物;當你談到一則負面新聞報導,或是一個令你生氣或灰心的人或狀況時,你不是在談論你喜愛的事物;當你提到你今天過得很不順、約會遲到、路上塞車,或是沒趕上公車,這些都是在談論你不喜歡的事物。每天的生活中都會發生很多小事,如果整天把你不喜歡的事情掛在嘴上,說個不停,那些小事就會為你的人生帶來更多難題與困境。

　　你必須談論一天當中發生的好事，聊一聊順利進行的會
議，聊一聊你有多喜歡準時，聊一聊身體健康的感覺真美
好，聊一聊你希望你的事業獲利多少，聊一聊一天當中進
展得很順利的狀況及與他人的互動。你必須談論你喜愛的一
切，才能將它們帶到你面前。

　　如果你重複說著負面事物，或是大聲抱怨你不喜歡的事
情，其實是在把自己像隻籠中鸚鵡一樣關起來。你每談論一
次你不喜歡的事物，就替這個籠子多增加一根鐵條；你把自
己鎖了起來，遠離一切美好。

　　擁有美好人生的人**時常**談論他們喜愛的一切,因爲這樣,他們得到無數通往生命中所有美好事物的通道,像空中的鳥兒一樣自由飛翔。所以,爲了擁有美好人生,就衝破那禁錮你的牢籠吧!付出愛,只談論你喜愛的事物,那麼,愛將會讓你自由!

「你們必曉得眞理，眞理必叫你們得以自由。」

耶穌（約西元前5年至西元30年）
基督教創始人，《聖經》約翰福音第八章第三十二節

對愛的力量來說，沒有什麼事情是不可能的。無論你是誰、無論你面對的局面如何，愛的力量都能讓你自由。

我認識一位女士，她僅僅藉由愛，就衝出禁錮她的牢籠。這位女士很窮，而且在結束充滿暴力陰影的二十年婚姻生活之後，還得面對獨力撫養小孩的問題。儘管面臨如此極端的困境，這位女士從不允許怨恨、憤怒或任何不好的感覺在她心裡生根。她絕不說前夫的壞話，相反地，她只用正面思想和字眼來描述她夢想中完美而英俊的新丈夫，以及她渴望的歐洲之旅。即使沒錢旅行，她還是去申請並拿到了護照，而且買了她夢想中的歐洲之旅會用到的小東西。

後來，她眞的遇到了她完美英俊的新任丈夫，而且婚後搬到她丈夫在西班牙的家，房子俯瞰著大海。現在，她在那裡過著幸福快樂的日子。

這位女士拒絕談論她不喜歡的一切，反而選擇付出愛，想的、說的都是她喜愛的事物。因為這樣，她讓自己掙脫困境和痛苦，獲得美麗人生。

　　你可以改變自己的生命，因爲你有無限的能力去思考和談論你喜愛的一切，所以，你爲自己帶來生命中所有美好事物的能力也是無限的！然而，你擁有的力量遠遠不只是正向地思考並談論你喜歡的事物，因爲吸引力法則會回應你的思想**和**感覺。你必須**感**受到愛，才能駕馭它的力量！

　　「愛就完全了律法。」

聖保羅（約5-67）
基督教使徒，《聖經》羅馬書第十三章第十節

力量摘要

- 愛並不微弱、虛弱或軟弱，它是生命中那股正向積極的力量！愛是所有正面和美好事物的起因。

- 你想成為、實現或擁有的一切都來自愛。

- 愛的正面力量可以創造一切美好事物、增加美好的東西，並改變你生命中的任何負面事物。

- 每一天、每一刻，你都在選擇要不要去愛，並運用這股正面力量。

- 吸引力法則就是愛的法則，它也是在你生命中運行的定律。

- 在生命中，無論你給出去的是什麼，收回來的就會是什麼：給予正面事物，你接收回來的就會是正面事物；給予負面事物，你接收回來的就會是負面事物。

- 你生命中的一切都不是偶發的，你接收到的所有事物都是以你給出去的為基礎。

- 無論你發出的思想和感覺是好是壞,都會像回聲一樣自動且精準地回到你身上。

- 擁有美好人生的人,更常想、更常談到他們喜愛的事物,而不是不喜歡的東西!

- 談論一天當中發生的好事、談論你喜愛的一切,然後將它們帶到你面前。

- 你有無限的能力去思考和談論你喜愛的一切,所以,你為自己帶來生命中所有美好事物的能力也是無限的!

- 去愛吧,因為當你愛的時候,你就運使了宇宙間最偉大的力量。

感覺的力量

「祕密就藏在感覺裡。」

納維爾，高達德 (1905-1972)
新時代思想家

你是有感覺的存在體

打從你一出生，你總是有所感覺，其他人也一樣。雖然你在睡覺時可以停止意識層面的思維，但你無法停止感覺，因爲活著就是要感受生命。你的本質是一個有感受能力的「存在體」，所以你身體的每個部分被創造出來，好讓你感覺生命的存在，這件事並非偶然！

你擁有視覺、聽覺、味覺、嗅覺及觸覺，讓你可以感受到生命中的每一樣事物。這些屬於「感覺」機能，透過它們，你才能感受自己看到、聽到、嘗到、聞到及觸摸到什麼。你的整個身體都覆蓋著一層細緻的皮膚，它是感覺器官，所以你可以**感覺**到每一樣事物。

　　你在每一刻的感覺，比什麼都重要，因為你當下的感受正在創造你的生命。

你的感覺是燃料

　　如果沒有感覺，你的思想和言語就一點力量也沒有。在一天當中，你想了很多事，但都沒什麼影響，因為很多思想並未在你心裡引發強烈的感覺。你**感受**到些什麼才是真正重要的！

　　想像你的思想和言語是一艘火箭，而你的感覺是燃料。如果沒有燃料，火箭就只是靜止的運載工具，什麼事也做不了，因為燃料正是那股驅動火箭的力量。你的思想和言語也一樣，沒有了感覺，它們就發揮不了任何作用，因為感覺是你思想和言語的力量！

　　如果你心想：「真受不了我老闆。」那個念頭表達了你對老闆的強烈負面**感覺**，而且你正在釋放那個負面**感覺**。結果就是，你和老闆的關係每況愈下。

　　如果你心想：「我跟一些很棒的人一起工作。」那些字眼傳達了你對同事的正面**感覺**，而且你正在釋放那個正面**感覺**。結果，你和工作同仁的關係會愈來愈好。

　　「必須喚出情緒，好在思想中注入『感受』，這樣思想才能成為實相。」

　　　　　　　　查爾斯‧哈尼爾（1866-1949）
　　　　　　　　　　　　　　　新時代思想家

美好的感覺與不好的感覺

　　就如同生命中的每樣事物，你的感受可以是正面，也可以是負面的；你會有好的感覺，也會有不好的感覺。所有美好的感受都源自愛！而所有負面的感覺則來自於缺乏愛。你感覺愈好──例如當你覺得喜悅時──給出去的愛就愈多；而你**給予**的愛愈多，**得到**的就愈多。

　　你感覺愈不好──例如當你感到絕望時──釋放出去的負面能量就愈多；而你釋放的負面能量愈多，就會在生活中遇到更多負面事物。你之所以這麼不喜歡負面感受，是因為**愛**是生命中的正面力量，而負面的感覺裡卻沒有太多愛！

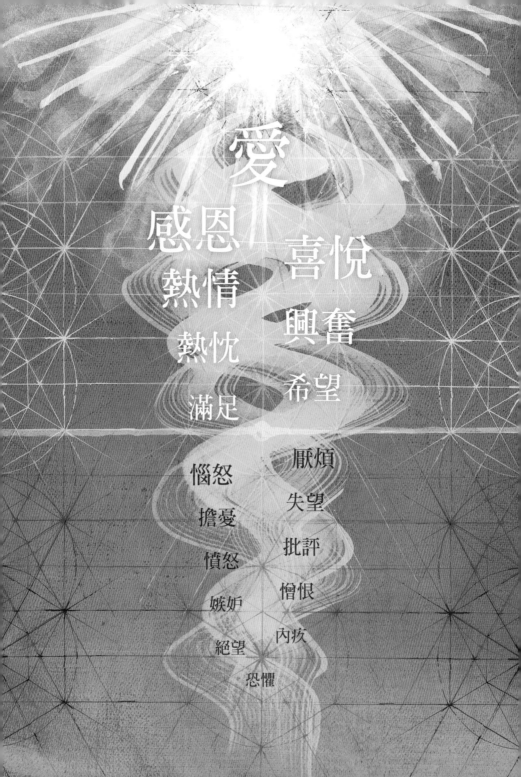

　　你的感覺愈好，在生命中得到的就愈美好。

　　你的感覺愈差，在生命中得到的就愈糟——直到你改變自己的感受為止。

　　當你感覺良好時，思想也會自動變得美好，你不可能同時擁有美好的感受和負面思想！同樣地，不好的感受和美好的思想也不可能同時存在。

　　你的感覺時時刻刻確切反映了你釋放出去的一切，這是個高度精確的測量方式。當你有好的感受時，就不必擔心其他事，因為你的思想、言語和行動都會是美好的。只要感覺良好，你就一定是在付出愛，而那份愛肯定會全部回到你身上！

好就是好

　　大多數人了解感覺美好或感覺很糟分別是什麼樣子，卻沒有意識到自己大部分時間都處於負面感受中。一般人認為感覺不好表示感受到極端的負面情緒，例如悲傷、哀痛、憤怒或恐懼——雖然那些的確屬於不好的感覺，然而負面感受其實分很多程度。

　　如果你大部分時間都覺得「還好」，你可能會認為那個
「還好」的感覺是正面的，因為你的感受並不是太差；如果
你一直以來的感覺都很糟，然後現在覺得還可以，那麼「覺
得還好」當然比「覺得很糟」好得多了。然而，「還好」通
常是一種負面感受，因為「還好」並不是「好」。感覺好就
是感覺好！好的感受意味著你是快樂、喜悅、興奮、充滿熱
忱或熱情的。當你只是覺得還好、普普通通，或是沒什麼感
覺，那麼你的人生就會是還好、普普通通或沒什麼！那不是
美好人生。好的感覺意味著你真的覺得很美好，而真正覺得
美好就能帶來真正美好的人生！

「愛的限度就是無限度地去愛。」

聖伯納德（1090-1153）
基督教修道士及神祕學家

　　當你覺得喜悅時，你就在釋放喜悅，然後無論你身處何
方，都會接收到喜悅的經驗、喜悅的情境和喜悅的人。從聽
到電臺裡播著你喜歡的歌這種最微不足道的體驗，到獲得加
薪這種比較重要的經歷──你體驗到的所有狀況都是吸引力
法則在回應你喜悅的感覺。而當你覺得惱怒時，你就在釋放
惱怒，然後無論你到什麼地方，都會接收到令你惱怒的人事

物，小至一隻惱人的蚊子，大至車子拋錨，這些經驗全都是吸引力法則對你惱怒的回應。

每個美好的感受都讓你與愛的力量結合，因為愛是所有美好感覺的源頭。充滿熱忱、興奮及熱情等感覺都源自愛，而當你持續感受到其中的任何一種，它們就會為你帶來一個充滿熱忱、興奮和熱情事物的人生。

你可以藉由提升美好感受的程度，來充分利用它的力量，方法是去掌控那個感受，並刻意強化它，盡可能讓自己感覺美好。如果要強化熱忱，就讓自己沉浸在充滿熱忱的感覺中，透過強烈感受到那樣的感覺，盡可能「擠」出充滿熱忱的感受！而當你感覺到熱情或興奮時，盡可能藉由深入地感受，讓自己沉浸其中，並強化那些感覺。你愈是強化美好的感受，給出的愛就愈多，然後你得到的結果將會很可觀。

當你湧現任何美好的感覺時，也可以藉由尋找自己喜愛的事物來強化它。在坐下來寫這本書之前，我每天都會花幾分鐘強化美好的感受。我會一個接一個地想著所有我喜愛的事物，不停地數算：我的家人、朋友、家、園子裡的花、天氣、色彩、狀況、事件，以及在那個星期、那個月或那一年之中發生過的、我喜歡的事。我在腦海中不斷列出每一樣事物，直到覺得棒透了為止，接著我才坐下來開始寫作。強化美好感受就是這麼容易，而且無論何時何地都可以做。

你的感覺反映了你給出去的是什麼

　　你馬上就能分辨出在人生的各個主要層面中，你給得比較多的是好感覺還是不好的感覺。你對人生每個主題——例如金錢、健康、工作和人際關係——的**感受**，都準確反映出你針對各個主題給出去的是什麼。

　　當你想著金錢時，你的感受會反映你正送出什麼樣跟錢有關的訊息。如果你因為沒有足夠的金錢，所以想到錢的時候感覺不好，那你一定會碰到錢不夠的負面情境和經驗——因為那是你釋放出去的負面感覺。

　　當你想著你的工作時，你會從自己的感受中得知你正送出什麼樣跟工作有關的訊息。如果你對自己的工作感覺良好，一定會在工作中遇到正面的情境和經驗——因為那是你釋放出去的正面感覺。而當你想到家人、健康或任何對你來說很重要的課題時，你的感覺都會告訴你，你正在給出什麼。

　　「要留意你的心情和感受，因為你的感受與你的有形世界有著牢不可破的連結。」

納維爾・高達德（1905-1972）

新時代思想家

　　生命中的一切都不是偶發，而是對你的**回應**。人生是由你決定的！你生命的各個層面都由你作主，你是你人生的創造者，你是你人生故事的作家，你是你人生電影的導演，你藉由你給出去的，來決定自己的人生會是什麼模樣。

　　你可以感受到的美好感覺有無限層次，這表示你可以接收到的美好人生沒有上限。而不好的感覺也可以依照負面程度分成許多層次，但它們是有底限的，超過這個程度，你就無法承受了，然後你會被迫再次選擇美好的感受。

　　好的感覺讓你覺得棒透了，而不好的感覺會讓你覺得很糟，這並非偶然或意外。愛是掌控生命的最高力量，它透過美好的感覺來呼喚你、吸引你，讓你活出你本該擁有的人生。愛也透過不好的感覺呼喚你，因為那些不好的感覺是在告訴你，你和生命的正面力量斷了連結！

一切都跟你的感覺有關

　　生命中的一切都跟你的感覺有關。你是依據自己的感受來做人生中的每個決定，你整個人生唯一的驅動力就是你的感覺！

　　無論你想要什麼，你之所以會想擁有它，是因為你喜愛它，因為它會讓你**感覺**美好；而無論你不想要什麼，你之所以不想擁有，是因為它會讓你**感覺**不好。

　　你想要健康，是因為健康的感覺很好，而生病的感覺不好；你想要錢，是因為能買到你喜歡的東西、能做你喜歡的事讓你感覺很好，而當你買不起或做不到時，就會湧現不好的感受；你想要愉快的人際關係，是因為它們讓你覺得很美好，而不順遂的關係會讓你覺得很糟；你想要快樂，是因為快樂讓你有美好的感受，而不快樂則讓你感覺不好。

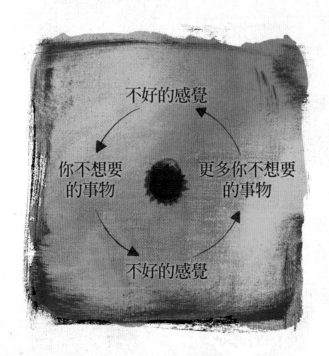

　　你想要的一切都是由它們將帶給你的美好感受所推動的！
而你要如何接收到你想要的美好事物呢？透過美好的感覺！
金錢要你，健康要你，快樂要你，你所愛的一切都要你！它
們急切地想湧進你的生命，但你必須給出好的感覺，才能把
那些美好的事物帶來。你不必掙扎、不必搏鬥來改變自己人
生的境遇，你所要做的就是透過美好的感覺付出愛，然後你
想要的一切就會出現！

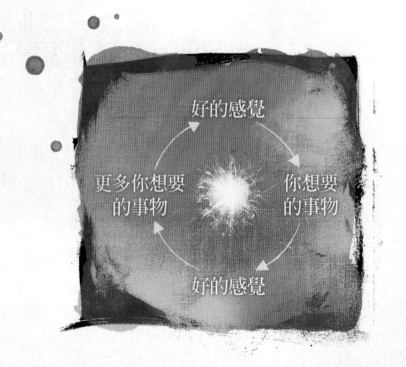

　　你的美好感受駕馭著愛的力量——生命中一切美好事物背後的力量。你的好感覺告訴你,這是通往你想要的事物的路;你的好感覺告訴你,當你覺得很好時,生命就會很好,但你必須先給出美好的感覺!

　　如果你一輩子都在對自己說「等我有個更好的房子,我就會快樂」「等我有一份工作或獲得升遷時,我就會快樂」「等我的孩子念完大學,我就會快樂」「等我們有了更多錢,我就會快樂」「當我可以去旅行時,我就會快樂」,或是「當我的事業成功時,我就會快樂」,那你永遠無法擁有那些事物,因為你的思想違反了愛的運作方式,牴觸了吸引力法則。

　　你必須先快樂,然後**付出**快樂,才能**得到**讓你快樂的事物!事情一定是這樣發生的,沒有其他方式,因為無論你想**接收**到什麼,一定要先**給**!你的感覺由你掌控,你的愛也是,而不管你給出去的是什麼,愛的力量都會將它送回來給你。

力量摘要

- 你在每一刻的感覺，比什麼都重要，因為你當下的感受正在創造你的生命。

- 你的感覺是你思想和言語的力量，你感受到些什麼才是眞正重要的！

- 所有美好的感受都源自愛！而所有負面的感覺則來自於缺乏愛。

- 每個美好的感受都讓你與愛的力量結合，因為愛是所有美好感覺的源頭。

- 你可以藉由想著自己喜愛的一切來強化美好的感覺，一個接一個地數算你喜歡的東西，不斷列出每一樣事物，直到覺得棒透了為止。

- 你對人生每個主題的感受，都準確反映出你針對各個主題給出去的是什麼。

- 生命中的一切都不是偶發，而是對你的回應！你人生的每個課題都由你作主，而你藉由你給出去的，來決定自己的人生會是什麼模樣。

- 你可以感受到的美好感覺有無限層次，這表示你可以接收到的美好人生沒有上限。

- 你所愛的一切都要你！金錢要你，健康要你，快樂也要你。

- 不要掙扎、搏鬥著改變自己人生的境遇，透過美好的感覺付出愛，你想要的一切就會出現！

- 你必須先給出美好的感覺。你必須先快樂，然後付出快樂，才能得到讓你快樂的事物！無論你想接收到什麼，一定要先給！

感覺頻率

感覺得到，就接收得到

宇宙中的每樣事物都有吸引力，而且都有個吸引力頻率，你的感覺和思想也是。好的感覺代表你在愛的正面頻率上，不好的感覺則表示你處於負面頻率。無論你的感覺是好是壞，都會決定你的頻率，然後你就會像個磁鐵一樣，吸引處於同樣頻率的人事物！

如果你覺得充滿熱忱，你熱情的頻率會吸引熱情的人、情境和事件；如果你覺得恐懼，你恐懼的頻率會為你引來可怕的人事物。你從來不用懷疑自己目前處於何種頻率，因為你的頻率總是對應你當下的感覺！而你任何時候都可以藉由改變感受來改變自己的頻率，然後你周遭的一切也將因你進入新的頻率而產生變化。

以你人生中的任何一種情境為例，所有結果都可能發生，因為你對那個情境可以產生任何感覺！

一段人際關係可以處在快樂、喜悅、興奮、滿足或任一種美好感覺的頻率上，也可以處於讓人無聊、挫折、擔憂、憤恨、沮喪或任一種壞感覺的頻率。這段關係可能產生任何結果，而你的感覺將決定會發生些什麼。你對這段關係產生什麼樣的感覺，你之後就會接收到什麼；如果你大部分時間都覺得很愉悅，就是在付出愛，然後你一定會透過這段關係接收到愛與喜悅，因為那就是你所在的頻率。

「改變感受就能改變命運。」

納維爾‧高達德（1905-1972）

新時代思想家

看看下頁這張感覺頻率清單，你會發現，無論是人生的哪一個課題，都存在著許多不同的感覺頻率，而透過你的感受，你決定了每個課題的結果！

你可以對金錢感到興奮、快樂、喜悅、充滿希望、擔憂、恐懼或沮喪，你可以對你的健康感到欣喜若狂、熱情、幸福、灰心或緊張，這些都是不同的感覺頻率，而你所處的頻率決定了你會得到的結果。

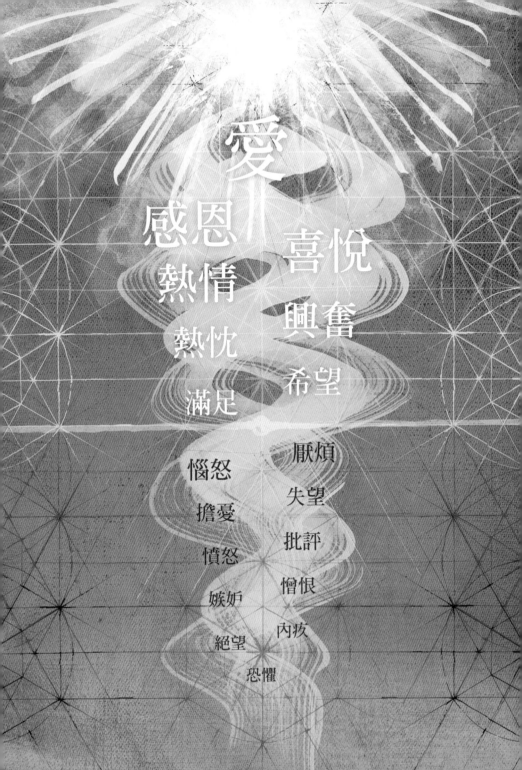

你可能想去旅行，但如果你對於沒有錢去玩很失望，那麼針對旅遊這個主題，你是感到失望的。而覺得失望代表你在失望的頻率上，你就會持續接收到無法去旅遊的失望狀況，直到你改變感受為止。愛的力量會促成讓你可以去旅行的一切情境，但前提是，你必須處於美好感覺的頻率上才能得到。

當你改變對某個狀況的感受時，你就發出了一個不同的感覺，處於不一樣的頻率上，而那個狀況就**必須改變**，才能反映出你的新頻率。如果你的人生中發生了某件負面的事，你可以改變它，永遠不嫌晚，因為你隨時都能改變自己的感受。無論面對什麼樣的課題，如果想要得到自己喜愛的一切，想要把任何事物變成自己喜歡的樣子，你**只須做一件事**，就是改變你的感受！

「想要找到宇宙的祕密，就從能量、頻率和振動等方面來思考。」

尼古拉・特斯拉（1856-1943）
無線電及交流電發明者

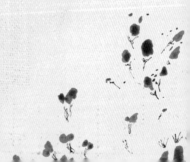

別把感覺設定成自動駕駛模式

　　大多數人不知道美好感覺的力量，所以他們的感覺往往只是在回應所發生的事件。他們把自己的感覺設定在自動駕駛模式，而不是刻意去掌控感受。好事發生時，他們覺得很好；壞事發生時，他們的感覺就變差。這些人不了解，其實他們的感受才是所發生事件的**成因**。當他們用負面感覺去回應已經發生的某件事情時，**就釋放出**更多負面感受，然後他**們會接收到**更多負面情境。這些人被自己的感覺困在一個輪迴中，他們的人生就像在滾輪裡拚命奔跑的倉鼠一樣，哪兒也去不了，因為他們不明白，如果想改變生命，就必須改變他們的感覺頻率！

　　　「重要的不是發生在你身上的事，而是你對它的反應。」

愛比克泰德（55-135）

希臘哲學家

　　如果你沒有足夠的錢，自然對金錢不會有美好的感覺，但是當你對錢沒有好感覺時，你的錢絕不會變多。如果你對金錢釋出負面感受，就是處於負面頻率，然後你將會接收到負面情境，例如巨額帳單或東西壞了，都是一些會榨乾你的錢

的狀況。當你用負面感覺回應一張巨額帳單時，你就釋放出
更多對金錢的負面感受，那會為你帶來更多耗盡你的錢的負
面情境。

　　每一秒鐘都是一個改變生命的機會，因為你隨時都能改變
自己的感受。你在這之前有什麼感覺、你認為自己犯過什麼
錯統統不重要，只要改變感受，你就能進入不同的頻率，而
吸引力法則會立刻回應！當你改變自己的感受，過去的就過
去了！當你改變自己的感受，你的人生也隨之發生變化。

> 「不要浪費時間後悔，因為帶著感嘆去回想過去所
> 犯的錯，只會再次影響自己。」

　　　　　　　　　　　　　納維爾，高達德（1905-1972）
　　　　　　　　　　　　　　　　　　　　　新時代思想家

愛的力量沒有藉口

　　如果你的人生並未充滿你喜愛的事物，不代表你不是一
個善良慈愛的人。我們每個人的人生目的正是藉由選擇愛來
克服負面性，問題是，大多數人會一下子愛、一下子不愛，
一天來回好幾百次。他們沒有花足夠的時間付出愛，好讓愛
的力量推動所有美好的事物進入他們的生命中。想想看，前

一刻你藉由給所愛的人一個溫暖的擁抱而付出愛，下一刻你卻因爲找不到鑰匙、塞車遲到或找不到停車位而生氣，於是停止付出愛；當你和同事一起大笑時，你付出了愛，接著卻因爲你想吃的食物賣完了而生氣，於是又不愛了；當你期待週末來臨時，你付出了愛，接著因爲收到帳單，你又停止去愛了。一整天你就持續著這樣的過程：一下子愛、一下子不愛，一下子愛、一下子不愛，一下子愛、一下子不愛。

你要不是在給予愛，並駆使這股愛的力量，不然就是沒有這麼做。如果找藉口解釋自己爲何不愛，你就無法駆駛愛的力量。找藉口或辯解爲何沒有去愛，只會爲你的人生增加更多負面性。當你爲自己沒有付出愛找理由時，你再度感受到同樣的負面性，於是你會釋放出更多！

> 「持怒就像握著一把要丟向他人的熱煤炭，被燙傷的人反而是你。」

佛陀 （西元前563-483）
佛教創始人

如果你因爲約會搞砸了而生氣，並且把這件事怪到對方頭上，你就是把責怪當成不付出愛的藉口。但吸引力法則只會接收到**你**給出去的，所以如果你給出去的是責備，接收

回來的一定也是跟責備有關的情境 —— 不見得是之前你怪罪的那個人回過頭來責備你，但很確定的是，你一定會碰到被責怪的狀況。愛的力量沒有藉口，你付出什麼，就會得到什麼 —— 就是這樣。

每一件小事都包含在內

　　責備、批評、找碴和抱怨是負面性的各種形式，全都會帶來紛爭。每當你小小地抱怨一下、批評一下，你都在釋出負面性。當你抱怨天氣、交通、政府、夥伴、兒女、父母、排隊人龍、經濟、食物、身體、工作、顧客、事業、物價、噪音或服務時，看起來雖然無傷大雅，但這樣的行為會為你帶來一大堆負面狀況。

　　請丟掉**討厭**、**糟透了**、**噁心**及**壞到極點**之類的詞彙，因為當你說出這幾個詞時，隨之而來的是強烈的感覺。你說出來，它們一定會回到你身上，這意味著你替自己的人生貼上了這些標籤！你不覺得多多使用像**了不起**、**棒透了**、**好得不得了**、**妙極了**及**超精采**這樣的字眼，是個不錯的主意嗎？

你可以擁有任何你喜愛、你想要的事物，前提是必須與「愛」和諧一致，這表示你不能找藉口不付出愛。藉口和辯解會讓你無法得到自己想要的一切，無法擁有美妙的人生。

「我們送到別人生命裡的，會全部回到自己身上。」

愛德溫‧馬克漢（1852-1940）
詩人

當你投訴某家商店的店員，接著幾個小時後，你接到一通鄰居打來抱怨你家的狗亂吠的電話時，不會注意到其中的關連；當你跟朋友邊吃午飯邊說一個共同的朋友的壞話，然後回到工作崗位上卻發現你和大客戶之間出現了嚴重的問題時，不會注意到其中的關連；當你邊吃晚餐時邊談論一則負面新聞，而那天晚上你因為胃不舒服而睡不著時，也不會把這兩件事聯想在一起。

你在街上停下來幫某人撿拾他掉落的東西，接著十分鐘後馬上找到一個就在超市門口外的停車位，你不會注意到其中的關連；你愉快地幫孩子寫功課，隔天獲知你的退稅金額會比你預期的還多時，不會注意到其中的關連；你幫朋友一個忙，然後那個星期你的老闆給你兩張運動比賽的免費入場券

時，你不會把這兩件事聯想在一起。無論你知不知道其中的
關連，在人生的每一刻、每個情境中，你都在接收你給出去
的。

「沒有一件事因外在世界而起，所有的事情都是由
內在產生的。」

納維爾，高達德（1905-1972）
新時代思想家

臨界點

　　如果你給出去的思想與感覺，有超過百分之五十是正面
的，你就來到了臨界點。即使你只釋出百分之五十一的美好
思想和感覺，還是能使你人生的天平傾斜！下面就要告訴你
為什麼。

　　當你付出愛時，它不只會化為你喜愛的正面情境回到你
身上，當它回來的時候，甚至會為你的人生增加**更多**愛和正
面性！然後新的正面性會吸引**更多**正向事物，增加了更多愛
和正面性到你的生命中，如此持續下去。每樣事物都有吸引
力，當你身上發生好事時，它會像磁鐵一樣引來更多好事。

　　你也許有過這樣的經驗：當你因為好事一件接一件發生，而說自己「好事不斷」或「好運連連」時，好事情就會一直出現。會有這種狀況，唯一的原因就是你釋出的愛多於負面性，然後當愛回到你身上時，為你的生命增加了更多的愛，接著引來了更多美好的事物。

　　或許你也有過相反的體驗：當某件事出錯時，其他事情會開始接二連三地發生狀況。這是因為你釋放的負面性多於愛，而當負面性回到你身上時，為你的生命增加了更多負面性，接著吸引了更多負向事物。也許你認為那些時候是「衰運連連」，但它們和運氣一點關係也沒有。吸引力法則在你的生命中精準地運作著，而那些時刻——無論是好是壞——只是單純反映你付出的愛或負面性的比例而已。「好事不斷」或「衰運連連」的狀況之所以會改變，唯一的原因就是你在某個時間點上藉由你的感覺，讓天平朝另一端傾斜。

　　「透過這個方式，你可以擁有冥冥中受到保護的人生，永遠不受任何傷害；透過這個方式，你可以成為一股正向力量，將各種豐饒與和諧的情境吸引到你身邊。」

查爾斯‧哈尼爾（1866-1949）
新時代思想家

　　要改變自己的人生，你所要做的就是透過你美好的思想和感覺付出百分之五十一的愛，來使天平傾斜；一旦你到達給出的愛多於負面性的臨界點，回到你身上的愛就會因為透過吸引力法則吸引了更多愛而倍增。突然間，你體驗到美好事物來得愈來愈快、愈來愈多！現在你生命的各個層面加倍出現更多美好的事物，而不是負向事物──這就是你的人生本來應該有的模樣。

　　每天早上醒來時，你都站在一個臨界點，一邊讓你過著充滿美好事物的一天，往另一邊走，你那一天則會遇到許多問題，而你是那個決定你當天好不好過的人──透過你的感覺！你感受到什麼，就釋放出什麼，而那正是你當天必然會接收到的，它會如影隨形地跟著你。

　　當你以愉快的心情展開一天，而且持續感到快樂時，你那一天會過得很美好！但如果你在一天之始就心情不好，而且沒有做任何事去改變壞情緒，你那一整天就會過得很糟。

　　一整天都帶著美好的感受，不只能改變當天，也能改變明天、改變你的人生！如果一直維持著好感覺，連上床睡覺時也是，隔天你就會以一股充滿美好感覺的動力開始新的一天。當你盡可能持續感受到美好時，透過吸引力法則，你的好感覺會一直倍增，如此一天一天地持續下去，然後你的人生就變得愈來愈美好了。

　　「活在今天──不是昨天，也不是明天，就是今天。活在當下，不要把當下借給明天。」

傑瑞・史賓尼利 （生於1941年）
兒童作家

　　許多人不為今天而活，他們全神貫注在未來，然而未來是由我們度過**今天**的方式所創造的。你今天感覺到的才重要，因為**只有**它才能決定你的未來。每一天都是一個通往全新人生的機會，因為你每天都站在你人生的臨界點上；而你在任何一天都能改變未來——透過你的感覺。當你讓天平往美好感覺那一邊傾斜時，愛的力量將會快速改變你的人生，快到你難以置信。

力量摘要

- 宇宙中的每樣事物都有吸引力,而且都有個吸引力頻率,你的感覺和思想也是。

- 無論你的感覺是好是壞,都會決定你的頻率,然後你會吸引處於同樣頻率的人事物。

- 任何時候都可以藉由改變感受來改變自己的頻率,然後你周遭的一切會因爲你進入新的頻率而產生變化。

- 如果你的人生中發生了某件負面的事,你可以改變它,永遠不嫌晚,因爲你隨時都能改變自己的感受。

- 許多人把自己的感覺設定在自動駕駛模式,他們的感覺往往只是在回應所發生的事件。然而這些人不了解,其實他們的感受才是所發生事件的成因。

- 要改變任何一件事——無論是跟金錢、健康、人際關係或任何人生課題有關的狀況——你必須改變自己的感覺!

- 責備、批評、找碴和抱怨是負面性的各種形式,它們帶來的沒有別的,只有紛爭。

- 丟掉「討厭」「糟透了」「噁心」及「壞到極點」之類的詞彙，多多使用像「了不起」「棒透了」「好得不得了」「妙極了」及「超精采」這樣的字眼。

- 即使你只釋出百分之五十一的美好思想和感覺，還是能使你人生的天平傾斜！

- 每一天都是一個通往全新人生的機會，因為你每天都站在你人生的臨界點上；而你在任何一天都能改變未來——透過你的感覺。

力量與創造

> 「你生命中的每一刻都有著無限的創造力，而且宇宙是無盡地豐足。只要提出一個夠清楚的請求，你內心渴望的一切必定會來到你面前。」

夏克提‧高文 (生於1948年)
作家

　　在接下來的幾個章節中，你會學到駕馭愛的力量來得到金錢、健康、工作、事業和人際關係有多麼容易。有了這樣的知識，你就能將人生改變成你想要的任何模樣。

　　想要實現某個願望，請依循以下「創造過程」的簡單步驟去做。無論是要帶來你渴望的某樣東西，或是改變你不想要的某件事，程序都是一樣的。

創造過程

　　想像它。感覺它。接收它。

1.想像

專心想像你渴望的事物。想像你自己正與你渴望的在一起，想像你正在**使用**你想要的東西，想像你**已經擁有**你渴望的一切。

2.感覺

在想像的同時，一定要對你正在想像的事物**感覺到**愛。你要想像並**感覺到**你正與自己所渴望的在一起，要想像並**感覺到**你正在使用自己想要的東西，要想像並**感覺到**已經擁有你渴望的一切。

想像力連結了你和你想要的所有事物。你的渴望加上愛的感覺就創造了吸引力，能把你渴望的一切帶來給你。這樣就完成了你在創造過程中所負責的部分。

3.接收

愛的力量會透過大自然的有形和無形力量運作，把你渴望的事物帶來給你。它將利用各種人事物，把你喜愛的一切帶過來。

　　無論你渴望的是什麼，都必須全心全意地要它。渴望**就是**愛，如果心中沒有熾熱的欲望，你就不會有足夠的動力去駕馭愛的力量。你必須真正渴望你想要的事物，就像運動員渴望從事某項運動、舞者渴望跳舞、畫家渴望畫畫一樣。你一定要全心渴望你所要的，因為渴望是一種愛的感覺，而你必須付出愛，才能得到自己喜愛的一切！

　　無論你想成為什麼樣的人、想做什麼樣的事、想擁有哪些東西，其創造過程都是一樣的。你要付出愛才能得到愛，你得想像它，感覺它，然後接收它。

　　在運用創造過程時，要想像並感受到你已經擁有你想要的事物，而且不要脫離那樣的狀態。為什麼？因為無論你給出去的是什麼，吸引力法則都會複製，所以你一定要想像並感覺到現在就已經擁有你想要的事物！

　　如果你想減肥，那麼就透過想像和感覺到自己已經擁有你理想中的身材來付出愛，而不是每天都想像並感受到自己太胖；如果你想去旅行，那麼就透過想像和感覺到自己正在旅行來給出愛，而不是每天都想像你沒錢去玩；如果你想在運動、演戲、歌唱、樂器演奏、某項嗜好或工作上有更好的表現，就要藉由想像並感覺到你已經成為自己想要的模樣來給出愛；如果你想擁有一段更美好的婚姻或親密關係，那就要

透過想像並感受到自己擁有那樣的關係時會是什麼樣子，而付出愛。

> 「所謂信念，是指相信你尚未看到的事；而擁有如
> 此信念的回報就是，你必將看到所確信之事。」

聖奧古斯丁（354-430）

神學家及主教

剛開始運用創造過程時，可以先從吸引一些不常見的事物開始。當你特別去吸引某樣不常見的東西而真的接收到時，就不會再懷疑自己的力量。

有個年輕女士就選擇從吸引一朵白色海芋開始。她想像自己手裡捧著花、聞著花的味道，並感覺到擁有了那朵花。兩個星期後，她去朋友家吃晚餐，餐桌的正中間就擺著一束白色海芋，正是她想像中的花和顏色。她很興奮可以看到海芋，不過她沒有跟朋友提起她想像中的花。結果她當天晚上要回家、正走出門外時，朋友的女兒從花瓶裡摘下一朵海芋，放在她手上！

「創造始於想像。你想像自己所渴望的一切，並下定決心要得到，最後你就能創造出你決意要得到的一切。」

蕭伯納（1856-1950）
諾貝爾文學獎劇作家

付出它－接收它

要記住，吸引力法則指出，無論你給出去的是什麼，都一定會收回來。你可以把吸引力法則想成鏡子、回音、回力棒或影印機，這樣會更明白到底要想像並感覺些什麼。吸引力法則就像一面鏡子，因為鏡子可以確切反映它前面的東西；吸引力法則就像回音，無論你喊出哪些話，傳回來的回音是一模一樣的內容；吸引力法則就像回力棒，你丟出去，它一定會回到你手上；吸引力法則也像影印機，無論你放進去的文件內容是什麼，它都可以完全複製，然後你會拿到一模一樣的影本。

幾年前我去巴黎工作，走在某條街上時，有一位女士匆匆忙忙地從我身邊走過，身上穿著我見過最美麗的裙子，繁複的細節詮釋了巴黎風格。我對那件裙子的反應是「愛」：「多麼漂亮的裙子啊！」

　　幾個星期後，我回到澳洲墨爾本。有一天，我很開心地開車上班，卻因爲某輛車的駕駛企圖在十字路口違規迴轉而被迫停車。當我轉向車窗外看著店家櫥窗時，發現了巴黎街上那位女士穿的裙子，款式一模一樣，我簡直不敢相信自己的眼睛。抵達辦公室後，我打電話給那家店，得知他們收到來自歐洲的那款裙子只有一件，就是櫥窗裡那一件。當然，那件裙子完全符合我的尺寸。當我去店裡要把它買下來時，已經降到半價，而且店員告訴我，他們其實沒有訂那件裙子，它就那麼意外地出現在那次的訂單裡！

　　我只做了一件事，就把那件裙子帶到我面前：去愛它。從巴黎到澳洲郊區的街上，一模一樣的裙子透過種種狀況和事件，來到我面前。這就是愛的吸引力！這就是愛的吸引力法則發揮了作用。

想像力

「這個世界不過是我們想像力的畫布而已。」

梭羅（1817-1862）
超驗主義作家

　　當你想像自己渴望且熱愛的任何正面事物時，就是在駕馭愛的力量。當你想像某件正面、美好的事物，並感覺到對它的愛時，你就給出了愛——而那是你將得到的東西。如果你可以想像到它、感覺到它，接下來你就可以接收到它，不過你所想像的一定要出於愛！

　　無論你想像的是什麼，都不能傷害到另一個人。想像某件會傷到別人的事並非出於愛，而是來自缺乏愛。而可以確定的是，任何負面性——即使是想像出來的——都會以同等猛烈的力道回到釋出負面性的那個人身上！給出什麼，**你就會得到什麼**。

　　不過我想告訴你一件很棒的事，跟愛的力量和你的想像力有關：你所能想到最棒、最美好的事，跟愛的力量可以給你的比起來，都顯得微不足道。愛沒有界限！如果你希望充滿活力且快樂，並對人生有著無法言喻的熱忱，那麼愛的力量可以帶給你的健康和快樂，程度遠大於你所想像。我之所以告訴你這些，是為了讓你開始打破你想像力的界限，不要再為自己的人生設限。要把你的想像力推到極致，無論你要的是什麼，都盡可能去想像你所能想到最棒、最美好的狀態。

　　掙扎度日的人和擁有超棒人生的人，兩者的區別只在於一件事——愛。那些擁有美好人生的人會想像他們喜愛和渴望的事物，而且對於所想像的一切，他們**感受到**的愛多於其他

人！掙扎度日的人則無意中把想像力用在他們不喜歡、不想要的一切，並且**感受到**他們所想像事物的負面性。道理就是這麼簡單，但它對人們的生命卻造成極大的不同，而你隨處都可以看見個中差異。

「大師心智的祕密，就在於想像力的全然運用之中。」

克利斯汀・拉爾森（1874-1962）
新時代思想家

歷史證明，勇於想像不可能之事的人，就是打破人類所有限制的人。在人類致力發展的每個領域中，無論是科學、醫學、運動、藝術或科技，那些勇於想像不可能之事的人，他們的名字都被載入史冊。藉由打破自己想像力的界限，他們改變了這個世界。

你的整個人生就是你曾想像會擁有的。你擁有或沒有的一切、你人生的每個情境都是你想像的模樣──問題是，許多人想像的是最糟的狀況！他們把最佳工具拿來對付自己。大多數人不去想像最好的情況，反而活在恐懼中，並想像所有他們可能出的錯；而只要他們持續想像並感覺到那些事情，它們就一定會發生了。你給出去的是什麼，就會接收到什

麼，所以在你人生的各個領域，你都要盡可能感覺並想像最棒的，因為你所能想像到的最好狀況，對愛的力量而言，都是**小事一樁**！

　　我們全家人搬到美國定居之後，也把十五歲的老狗──凱比──接過來。凱比到達後沒多久，某天晚上，牠從籬笆上的小洞鑽出去。由於我們家靠山，所以情況很不妙。在黑暗中，我們沿著街道和通往山上的小徑尋找，卻到處都找不到。

　　我和女兒在找狗時，「苦惱」的種種負面感覺開始增加。我知道我們必須停止搜尋，然後馬上改變心裡的感受。負面的感覺讓我們知道自己正在想像最糟的狀況，我們必須立刻改變感受，並開始想像最好的情形。在那一刻，什麼樣的結果都可能發生，而我們必須藉由想像並感覺到凱比在家，來選擇「牠安全回到我們身邊」這樣的結果。

　　我們於是回家去，假裝狗兒跟我們在一起。我們把食物放在牠的碗裡，彷彿牠還在；我們想像聽到凱比在玄關走動時項圈發出的鈴鐺聲；我們跟牠說話、叫牠的名字，彷彿牠就在那裡；而我女兒上床睡覺時，想像她十五年的好朋友正像往常一樣，睡在她床邊。

　　結果隔天一大早，我們在山下的某棵樹上發現一張紙條，上面說有人撿到一隻小狗，就是凱比。正如我們想像的一樣，我們的狗安全回家了。

　　無論身處什麼樣充滿挑戰的狀況，都要想像最好的結果，而且要感覺到！當你這麼做的時候，將能改變現狀，把它變成你想要的模樣！

你所能想像的一切都已經存在

> 「創造只不過是把已經存在的東西投射成有形的物體而已。」

> 聖典薄伽瓦譚（9世紀）
> 古印度經典

　　無論你所能想像的願望是什麼——它早已存在！它是什麼並不重要，只要你想像得到，它就已經存在創造之中。

　　五千年前的古老文字就記載著，所有的創造都已完成，任何可能被創造的事物都已存在。而五千年後的現在，量子物理學也證實了，任何事物的每個可能性，**此刻**已經存在。

> 「天地萬物都造齊了。」

> 《聖經》　創世記第二章第一節

　　對你和你的人生而言，這代表的意義是：無論你想像生命中要有些什麼，它們都早已存在。你不可能想像出不存在的事物。創造已經完成，每個可能性都存在，所以當你想像自

己打破世界紀錄、到遠東地區旅行、身體健康或成爲父母，你做那些事的可能性此刻就已存在創造之中！如果它們尚未存在，你沒有辦法想像。想把你渴望及熱愛的一切從無形世界帶進你有形的人生，你所要做的就是透過想像力和感覺，對你想要的一切付出愛。

想像你要的生活方式，想像你要的每一樣事物。每天都運用想像力，**想像如果**你的人際關係都很融洽，會是怎樣；**想像如果**你的工作成效突飛猛進，感覺如何；**想像如果**你擁有可以讓你去做自己喜歡的事的金錢，你的人生會怎樣；**想像如果**你非常健康，你有什麼感覺；**想像如果**你可以去做想做的事，感覺如何。運用你所有的感官去想像你想要的一切。如果你想去義大利玩，就想像自己聞到了橄欖油的味道、品嘗了義大利麵、聽見有人對你說義大利文，也觸摸到羅馬競技場的石頭，然後感覺自己身處義大利！

在跟別人或自己對話時，可以多說「**想像一下，如果……**」，然後用你想要的事物把句子剩下的部分填完！如果你和朋友聊天時，他一直抱怨同事升了職，他卻沒有，你就可以說：「想像一下，如果你沒有得到那個升遷機會，是因爲你可能被調到更高的職位、拿到更多薪水呢？」因爲事實上，你的朋友被拔擢到更高的職位、薪水拿得更多的可能性早已存在，如果他可以想像並感受到這個可能性，就可以接收到！

「原子或基本粒子本身並不眞實；它們形成了一個
充滿潛力或可能性的世界，而不是一個由東西或事
實組成的世界。」

沃納‧海森堡（1901-1976）
獲諾貝爾獎的量子物理學家

善用你的想像力，創造一些可以讓你感覺良好的遊戲。不
管你想像的是什麼，它們都在等著你、都已經在無形世界中
被完全創造出來，而要讓它們成爲看得見的有形事物，就得
透過想像並感覺到你喜愛的一切，來駕馭愛的力量。

有一位年輕女士在大學畢業後試著找一份工作，努力了好
幾個月都找不到。她最大的障礙就是明明沒有工作，卻要想
像自己已經有了。這位年輕女士每天都在日記上寫著她很感
謝來到自己面前的工作，但依然找不到。然後，她突然領悟
了：她拚了命地找工作，等於是大聲跟吸引力法則說她沒有
工作。

所以，這位年輕女士做了下面這些事情，改變了一切：
她決定運用自己的想像力，過著如同已經有工作的生活。她
把鬧鐘設定在很早的時間，就像要去上班一樣；她在日記上
寫的不再是她很感激即將來臨的工作，而是感謝她在工作上
獲得的成就，也感謝和她一起工作的同事；她每天計畫著要

穿什麼衣服上班；另外，她還開立了一個薪水專用的帳戶。
在那兩個星期內，她覺得自己好像真的已經有工作了，後來
出乎意料之外地，有位朋友告訴她某個職缺。她前去面試，
順利得到那份工作，然後也接收到她在日記裡寫下的每一件
事。

利用道具讓自己融入情境

「每當你允許自己的思想被其他人事物牽著走時，
就是沒有遵循內心的聲音；你並未順從自己的渴
望，而是附和別人的。要善用你的想像力，來決定
要想什麼或要做什麼。」

克利斯汀．拉爾森（1874-1962）
新時代思想家

在運用創造過程時，請善用任何道具，來讓你感受到自
己已經擁有想要的一切。把衣服、圖片、照片及相關物品布
置在周遭，這樣你就可以想像並感覺自己已經擁有想要的事
物。

如果你想要新衣服，先確定你的衣櫥裡有空間、有空的衣架可以放新衣服；如果想要得到更多金錢，那你的皮夾裡是不是有地方裝錢，或者裡頭塞滿了一堆不相干的小紙片？如果想擁有一個完美伴侶，你必須想像並感覺到那個人現在就和你在一起——你是睡在床中間，或者因為你的伴侶睡在床的其中一邊，所以你睡在另一邊？如果你的伴侶現在和你在一起，你會只使用衣櫥的一半空間，因為你伴侶的衣物會放在衣櫥的另一半。你布置的餐桌是兩人或一人用的？再準備一個空位是你馬上可以做到的小事。你的日常行為盡可能不要牴觸自己的願望，你反而要善用身邊的許多道具，讓你覺得自己彷彿已經擁有想要的一切。這些都是你可以利用道具和想像力做到的簡單小事，卻擁有不可思議的強大力量。

有位女士就利用道具和她的想像力，得到了一匹馬。她這輩子一直想要一匹馬，卻買不起。她想要的是去勢的栗色摩根馬，而一匹摩根馬要數千美元，於是她便想像每次從廚房窗戶向外望時，就能看見那樣的馬；她將栗色摩根馬的照片設定成筆記型電腦的桌面圖片，而且只要一有機會，她就隨意畫馬；雖然還買不起，她仍然開始去看要出售的馬匹；另外，她帶孩子去某家店一起試穿馬靴，也看了馬鞍，然後買下她負擔得起的一些東西，例如馬毯、繩索及馬刷等，並陳列在她每天看得到的地方。一段時間之後，這位女士去參加鎮上的一場馬匹展覽會。那場展覽會上有個抽獎活動，最大

獎就是一匹去勢的栗色摩根馬，就跟她想像的一模一樣！結果她當然抽到大獎，得到了她的馬！

感官也是道具，所以請使用你所有的感官幫助你去感覺自己已經擁有想要的一切。以皮膚感受你想要事物的觸感，嘗一嘗，聞一聞，看一看，聽一聽！

有位男士就運用感官為自己帶來好幾份工作機會。他在三年內申請了七十五個職位，卻沒有得到任何一份工作，但接著他使用了想像力和所有感官，去想像自己已經擁有夢想中的工作。他想像新辦公室的每個細節：在想像世界中，他敲打電腦鍵盤上的按鍵、聞到新的大紅木辦公桌上的家具亮光蠟所散發出的檸檬香味；他想像同事的樣子，幫他們取名字，跟他們聊天、開會。他甚至吃墨西哥捲餅當午餐。七個星期後，這位男士開始收到面試的通知，然後要求第二次面試的通知也不斷出現。後來，他得到很棒的工作機會，而且不只一個，是兩個。他接受了他最喜愛的那一個——那正是他夢想中的工作！

你要了解到，當你完成自己在創造過程中負責的部分時，創造就已經完成了！你不再處於那個並未擁有你想要的一切的舊世界，即使還看不見，但你已經進入一個新世界，那個世界包含你要的所有事物。你要知道，你會得到你想要的！

力量摘要

- 想駕馭生命中的愛的力量帶來你渴望的某樣東西，或是改變你不想要的某件事，程序都是一樣的：想像它，感覺它，然後接收它。

- 想像力連結了你和你想要的所有事物。你的渴望加上愛的感覺就創造了吸引力，能把你渴望的一切帶來給你！

- 要想像你正與自己所渴望的在一起，同時對你正在想像的事物感覺到愛。

- 要全心渴望你所要的，因為渴望是一種愛的感覺，而你必須付出愛，才能得到自己喜愛的一切！

- 當你想像自己渴望且熱愛的任何正面事物時，就是在駕馭愛的力量。要把你的想像力推到極致，無論你要的是什麼，都盡可能去想像你所能想到最棒、最美好的狀態。

- 無論你所能想像的願望是什麼，它早已存在！它是什麼並不重要，只要你想像得到，它就已經存在創造之中。

- 在跟別人或自己對話時，可以多說「想像一下，如果……」，然後用你想要的事物完成這個句子！

- 善用道具，把衣服、圖片、照片及相關物品布置在周遭，這樣你就可以想像並感覺自己已經擁有想要的事物。

- 感官也是道具，所以請使用你所有的感官幫助你去感覺自己已經擁有想要的一切。感受一下，嘗一嘗，聞一聞，看一看，聽一聽！

- 當你完成自己在創造過程中負責的部分時，就已經進入一個新世界，那個世界包含你要的所有事物——即使還看不見。你要知道，你會得到你想要的！

感覺就是創造

「每當你的感覺和願望產生衝突時，感覺將會是勝利者。」

納維爾‧高達德（1905-1972）
新時代思想家

感覺的磁場

我想讓你了解當你透過美好的感覺付出愛時，會發生什麼事，因為它的力量真的很強大。你的感覺創造了一個完全包圍你的磁場，每個人都被一個磁場圍繞，因此無論你到何處，磁場都跟著你。你或許看過古畫中出現過類似的東西——畫中人物的周圍環繞著一圈光環或光暈。這圍繞在每個人身邊的光環，其實是個電磁場，你正是透過自己周圍這個電磁場的磁性，吸引了生命中的一切。而在每個當下決定這個場域是正向或負向的，是你的感覺！

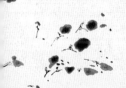

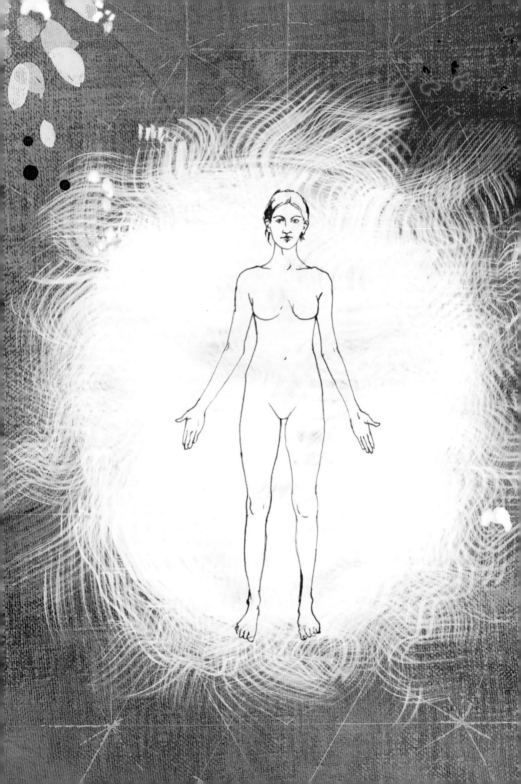

你每次透過感覺、言語或行動付出愛時，就替你周圍的場域增添了更多愛；你給的愛愈多，你的磁場就愈強大。你的磁場裡面有什麼，就會吸引些什麼，所以你磁場中的愛愈多，你就擁有愈多力量來吸引你喜愛的事物。然後你會來到一種境界：你磁場中的吸引力是如此正向而強大，讓你突然想像並感覺到某種美好的事物，不久後，它就會出現在你的生命中！那是你所擁有的不可思議的力量，那就是愛的力量的驚人之處！

　　　　「透過思考和感受的能力，你掌控了一切造物。」

納維爾・高達德 (1905-1972)

新時代思想家

　　我要分享一個發生在我生命中的簡單故事，讓你知道愛運作得多快速。我很喜歡花，所以會盡量每個星期都去買鮮花，因為花讓我覺得很快樂。我通常都去花市買，但那一週正好在下雨，所以花市沒開，也就買不到花了。而我覺得沒有花可買其實是件好事，因為這讓我更珍惜花、更愛花；與其感到失望，我選擇去感受愛，於是我的磁場便充滿了對花的愛。

不到兩個小時,我就收到了一大束花,是我的姊妹從世界的另一端送的。她送我這束前所未見的美麗花朵,是為了感謝我為她做的某件事。所以,當你可以付出愛時,無論現狀如何,都一定會改變!

現在你應該能體會選擇去愛有多重要了。每當你給出愛,就會替你周圍的磁場增添更多倍的愛;你在日常生活中所能付出的愛愈多,你磁場中的愛的吸引力就愈強,然後你想要的一切就唾手可得了。

當你給出愛時,你的生命會像這樣神奇地改變。我過去的人生充滿掙扎和困難,並不像現在這樣奇妙,但後來我發現了生命的奧妙之處,也就是我在這本書裡跟你分享的一切。對愛的力量來說,沒有什麼事情大到難以達成,沒有太遠的距離,沒有它不能克服的障礙,甚至時間也無法阻擋它的路。你可以藉由駕馭宇宙中最強大的力量,來改變生命中的一切,而你所要做的,就是付出愛!

創造的點

　　你可能會認為自己許的願望「太大」，但有這種想法是你想太多了。當你認為自己想要的東西太大時，其實是在對吸引力法則說：「這個願望太大了，要做到會有難度，而且可能要花掉很長的時間。」那麼最後你一定會是對的，因為你的所思所感，就是你會接收到的。如果你認為自己的願望太大，那麼要得到你渴望的事物就會變得困難，並且花費更多時間。然而對吸引力法則而言，沒有大或小的問題，也沒有時間長短的概念。

　　為了讓你對創造抱持正確的觀點，無論你的渴望對你來說有多大，都請把它想成一個小圓點！你可能想要房子、車子、假期、金錢、完美伴侶、夢想中的工作或小孩，你可能想要全然的健康，你可能想要通過考試、考上某一所大學、打破世界紀錄，你可能想要當總統、成功的演員、律師、作家或老師──無論你想要的是什麼，都把它想成一個圓點那般大小，因為對愛的力量來說，你的願望甚至比一個圓點更小！

「我們的懷疑是叛徒，讓我們輸掉通常會贏的好事。」

莎士比亞（1564-1616）
英國劇作家

　　如果你發現自己的信念動搖了，就畫一個圓，然後在圓心畫一個點，並在圓點旁邊寫下你的願望。你可以常常看著圓心的點提醒自己，你的願望對愛的力量而言，不過就像那個圓點一般大小！

如何改變負面事物

如果你的人生出現負面事物，而你想要改變它，過程也是一樣的：想像並感覺到你已經擁有自己渴望的事物，藉由這種方式來付出愛。要記住，任何負面事物都是缺乏愛，所以你必須想像負面情境的反面，因為它的反面才是愛！舉例來說，如果你想讓病痛消失，那麼就透過想像你的身體已然健康來付出愛。

如果你正在利用創造過程改變某樣負面事物，要知道，你不須把負面轉成正面，那感覺起來真的很難辦到，而且也不是創造運作的方式。所謂「創造」是指某樣新事物被造出來，它自然就會取代舊的。你不必去思考自己想改變的是什麼，只要對你想要的事物付出愛就行了，然後，愛的力量會為你取代掉負面事物。

如果一個人受了傷，正在接受治療，情況卻沒有好轉，那表示他想像並感覺到的狀態是創傷多於痊癒。如果想讓天平傾向痊癒那一端，就要多想像並感受到自己已經完全恢復健康，而不是想像並感覺自己尚未痊癒。你可以想像到全然康復，表示它早已存在！讓你的磁場對能使你感覺良好的一切充滿美好的感受，在你人生的每個層面累積愛，盡可能感覺美好，因為你給出愛的每一刻，都會為你帶來全然的康復。

「你的感覺就是你的神。」

考底利耶（西元前350-275）
印度政治家及作家

　　無論你想改變的是健康、金錢、人際關係或其他任何事物，過程都一樣！想像你所要的，想像並感覺到已經擁有它時所湧現的愛，盡可能想像你和自己想要的一切在一起時的每個場景、每個狀況，並感受到你現在就已經擁有它了。試著每天花七分鐘去想像並感覺自己已經擁有想要的事物，每天都要這麼做，直到你覺得好像已經擁有自己渴望的一切，直到你確知你渴望的事物屬於你，就像你知道你的名字屬於你一樣。有些事你可能只花一、兩天就能到達這種境界，其他事物則可能要花比較久的時間。然後，就繼續過你的日子，盡可能給出愛與各種美好的感受，**因為你給的愛愈多，就會愈快得到你渴望的一切。**

　　在想像並感覺到已經擁有自己想要的事物之後，你其實已經和你想像的一切處於一個新世界裡，所以不要再告訴大家你的傷勢沒有改善，那樣做會和新世界產生矛盾，因為那表示你又在設想最糟的狀況，於是你再次回到了舊世界。當你想像最糟狀況時，你就會接收到最糟的；如果你想像的是最美好的情境，就會接收到最美好的。因此，假如有人問你傷口如何，你可以說「我現在**覺得**百分之百好了，而我的身體

正在跟上我的感覺」，也可以說「這是個祝福，因為它讓我比以前更珍惜自己的身體和健康」，或者如果你夠勇敢，可以說「因為直接面對它，所以我完全恢復健康了」。

　　談論不喜歡的事物卻不會覺得不舒服，那是不可能的，事情就是這麼簡單，不過人們因為太習慣大多數時間都感覺不佳，所以當他們在想像和談論不想要的事物時，甚至不會注意到自己的感覺變得多糟。當你愈來愈意識到、愈來愈在乎你的感受時，就會到達一種境界，這時只要稍微往不好的感覺那邊傾斜，就算只有一丁點，你都受不了。你會習慣於美好的感受、會很留意自己的感覺，所以只要傾斜了，你馬上就會察覺到，並把自己拉回美好的感覺之中。你大多數時間都應該感覺美好且快樂，因為你本來就該擁有美妙的人生，而要得到這樣的人生，沒有其他方法！

　　　「無論在什麼樣的情況下，我都決意要保持喜悅與
　　　快樂，因為我從經驗中學到，我們的快樂或痛苦，
　　　很大一部分取決於我們的性情，而不是環境。」

　　　　　　　　　　　　　　瑪莎・華盛頓（1732-1802）
　　　　　　　　　　　　　　美國第一任總統喬治・華盛頓之妻

如何去除不好的感受

　　你可以藉由改變感受來改變生命中的一切。當你改變對某樣事物的感受時，它一定會產生變化！但是在改變感受的過程中，不要試圖擺脫不好的感覺，因為所有不好的感覺都只是缺乏愛，所以你反而要把愛放進去！不要試圖擺脫憤怒或悲傷，當你把愛放進去時，憤怒和悲傷就會消失。你不必從自己身上挖出什麼，當你把愛放進你心裡，所有不好的感覺統統不見了。

　　生命中只有一股力量，那股力量就是愛。你要不是因為充滿愛而覺得美好，不然就是因為缺乏愛而感覺很差，但你所有的感受都只是愛的程度之別而已。

　　你可以把愛想成杯子裡的水，你的身體就是杯子。當杯子裡只有一點點水時，就是缺水狀態，而抗拒並試圖消除那份空虛，並無法改變杯子裡水的高度；但如果將杯子注滿水，那份空虛自然不見了。當你感覺不好時，表示你處於缺乏愛的狀態，只要你把愛注入自己之內，不好的感覺就會消失。

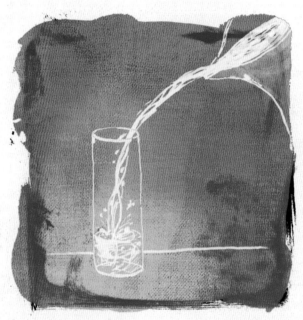

不要抗拒不好的感覺

生命中的每件事都有它完美的位置，包括不好的感覺在內。沒有那些不好的感覺，你不會知道什麼叫美好的感受；你只會一直有種「乏味」的感覺，因為沒有對照組，所以你不會知道真正的快樂、興奮或喜悅到底是什麼感覺。正是藉由感受到悲傷，你才知道快樂的感覺有多美好。你無法將不好的感覺從人生當中去除，因為那是人生的一部分，而且沒有它們，你不會有美好的感受！

　　如果你對產生不好的感覺這件事感覺很差的話，你就是在
為不好的感覺增添力量。你不只會讓壞感覺愈變愈糟，還會
增加自己釋放出去的負面性。現在你已經了解到，不好的感
受無法為你帶來你想要的人生，這會讓你更謹慎，不讓壞感
覺控制你。你的感受由你自己主宰，所以如果有不好的感覺
在襲擊你，切斷它能量的方式之一就是放輕鬆！

　　「我們的內在有個世界——一個充滿思想、感覺與
　　力量的世界，一個充滿光與美的世界；雖然看不
　　見，它卻具備強大的力量。」

查爾斯‧哈尼爾 (1866-1949)
新時代思想家

　　人生本來就該是好玩的！當你玩得很開心時，你會覺得很
棒，也就能吸引到很棒的事物！如果你把生命看得太嚴肅，
就會吸引到嚴肅的事物。開心地玩會為你帶來你想要的人
生，而把事情看得太嚴重的話，則會帶來你必須嚴肅看待的
人生。你有掌控自己生命的力量，而且可以用你想要的任何
方式，以這股力量來設計你的人生。不過為了你好，還是放
輕鬆一點吧！

　　要減輕不好的感覺，我會把負面感受想像成一匹匹野馬，於是就會有憤怒馬、憎恨馬、指責馬、氣憤馬、暴躁馬、乖戾馬、急躁馬等，你想得到的都有，一整個馬廄都是負面感受的馬兒。如果我對已經發生的某件事有些失望，我會對自己說：「你為什麼要騎上那匹失望馬？現在立刻下來，因為牠會往**更多**失望衝過去，而你不會想去它要去的地方。」因此我把產生不好的感覺想像成騎上野馬，既然騎得上去，我就下得來。我不會把不好的感覺當作真正的我或他人，因為那並非事實。壞感覺不是你，也不是任何人，它只是你允許自己去感受的某樣東西，而你可以選擇很快地跳下那匹馬，就跟你騎上去時一樣快。

　　把不好的感覺想像成你騎上去的一匹野馬，這是能讓你從壞感覺那裡取回力量的一個方法！如果你身邊的某個人很容易變得暴躁不安，那麼你若想像他是騎上了一匹暴躁馬，他的壞感覺對你的影響力就會小得多，你將不會把他的暴躁放在心上。但假如你認為那是衝著你來的，你就會因為他們的暴躁而變得暴躁，接著，**你**就跟著他們一起騎上暴躁馬了！

　　「報怨以德。」

老子（約西元前6世紀）

道教創始人

　　所以面對我不想要的事物，我會用想像力讓自己玩得開心，並從我不想要的事物中取回力量。有時看見我自己或其他人在不同的人生境遇中「騎上野馬」，我都會大笑一場，而當你可以笑到失去不好的感覺時，就真的了不起了！因為那表示你剛剛改變了你的人生。

　　所以如果你產生了不好的感受，不要因此責怪自己，而替壞感覺增添更多力量。那樣做只是在鞭打那匹野馬，讓它更瘋狂而已。其中的概念就是不要厭惡不好的感覺，而是要刻意且更頻繁地選擇好感覺。當你抗拒不好的感覺時，它們就會增加！你愈不想要，它們增加得愈多；你愈是抗拒生命中的任何事物，就會帶愈多回來。所以，當你有不好的感覺時，不要在意，也完全不要抗拒，那麼你就能從它們那裡取回所有的力量。

力量摘要

- 每個人都被一個磁場圍繞，無論你到何處，磁場都跟著你。

- 你透過自己周圍這個電磁場的磁性吸引了所有事物，而在每個當下決定這個場域是正向或負向的，是你的感覺！

- 你每次透過感覺、言語或行動付出愛時，就替你周圍的場域增添了更多愛。

- 你磁場中的愛愈多，你就擁有愈多力量來吸引你喜愛的事物。

- 把你想要的事物想成一個圓點那般大小。對愛的力量來說，你的願望比一個圓點更小！

- 你不須把負面事物轉成正面，只要對你的願望付出愛就行了，因為你想要的東西的創造過程會取代負面性！

- 每天花七分鐘去想像並感覺自己已經擁有想要的事物，一直做到你確知你渴望的事物屬於你，就像你知道你的名字屬於你一樣。

• 生命中只有一股力量，那股力量就是愛。你要不是因爲充滿愛而覺得美好，不然就是因爲缺乏愛而感覺很差，但你所有的感受都只是愛的程度之別而已。

• 要減輕不好的感覺，就把負面感受想像成你騎上的一匹匹野馬，既然騎得上去，你就下得來。而你可以選擇很快地跳下那匹馬，就跟你騎上去時一樣快。

• 只要改變你給出去的，就能改變你接收到的，毫無例外，因爲這就是吸引力法則，就是愛的法則。

人生隨著你的
所思所感展現

「命運無關機率，而關乎選擇。」

威廉‧詹寧斯‧布萊安 (1860-1925)

美國政治領袖

　　人生**隨著**你展現。你生命中經歷的每一件事，絕對都是你給出去的思想和感覺的結果——無論你是否察覺到自己曾經釋放過那些思想和感覺。人生並非隨機發生，而是**跟隨著**你展現。你的命運掌握在自己手上，你想到、感覺到的所有事物，都將決定你的人生。

　　生命中的一切都呈現在你眼前，讓你選擇**你**喜愛的事物！人生就像一本型錄，而從中選擇你喜愛事物的人是你！不過，你是在選擇你喜歡的，還是忙著批判不好的事物，並為它們貼上標籤？如果你的人生很不美好，那麼你可能曾在無意中為所有你認為不好的事物貼上標籤，讓它們分散了你的注意力，遠離人生目標，因為你的人生目標就是去愛、就是

喜悅、就是去選擇你喜愛的一切，並遠離你不喜歡的事物，
這樣你就不會選擇它們。

選擇你所愛的

當你看到夢寐以求的車子從街上急馳而過時，其實是生命
正把那部車呈現在你面前！你看到那部夢想之車時的感覺非
常重要，因為假使你選擇對那部車只感覺到愛，沒有其他，
你就是在把它帶到你面前；但如果你因為別人開著你夢想中
的車子而覺得羨慕或嫉妒，只會讓自己無法擁有那部車。生
命將車子呈現在你面前，讓你選擇，而你藉由感受到愛，選
擇了那部車。你有沒有發現，重點不在於別人有某樣東西而
你沒有？生命將一切呈現給你，如果你感覺到對它的愛，就
會把同樣的東西帶來給自己。

當你看到一對瘋狂熱戀的快樂情侶，而你極度渴望擁有
一個伴的時候，那就是生命正將這對快樂的情侶呈現在你
面前，讓你選擇。但如果你看到那對快樂的情侶時，覺得傷
心或孤單，那就釋放了負面性——你其實是在說：「我想要
覺得悲傷且孤單。」你必須對自己想要的事物付出愛。如果
你體重過重，而走在路上時剛好有個身材完美的人經過你身
旁，你的感覺如何？生命將這個美妙的身材呈現在你面前，

讓你選擇，所以假如你因為自己沒有那樣的身材而覺得難過，你就是在說：「我不想擁有那樣的身材，我要我現在這個過重的身體。」如果你正受某種疾病之苦，而你身邊圍繞著健康人士，你的感覺如何？生命讓你看見健康的人，這樣你就能選擇健康，所以當你對圍繞著你的健康狀態感覺到的愛，多於你對自己身體不好感受到的難過，你就為自己選擇了健康。

當你對任何人擁有的任何事物感覺良好時，就是在把它帶來給自己。當你對別人的成功、快樂或他擁有的美好事物產生好感覺時，你就是從人生型錄中選擇了那些東西，並且正把它們帶來給自己。

如果你遇見的某個人身上具備你希望擁有的特質，要去愛那些特質，並產生美好的感覺，這樣你就是在把那些特質帶到自己身上。如果某人聰明、漂亮或才華洋溢，去愛那些特質，那你就是為自己選擇了那些東西。

如果你想成為父母，而且已經努力了很長一段時間，那麼每當你看見別的父母親帶著小孩時，都要釋出愛，並產生美好的感覺！如果你因為沒有小孩，所以看見別人的孩子就覺得沮喪，那麼你就是在排斥小孩，把他們推離你身邊。每當你看見孩子時，就是生命正把他們呈現在你面前，好讓你可以選擇。

當你對手贏得比賽、當你的同事說老闆加他薪水了、當有人贏了樂透彩、當朋友告訴你他們的配偶讓他們週末放假作為禮物，或是他們買了一棟漂亮的新房子，或是他們的孩子拿到獎學金時，你應該跟他們一樣興奮。你應該要像發生在自己身上一樣興奮和快樂，因為這表示你在歡迎這些你渴望的事物，你在對它們付出愛，所以能將它們帶到自己面前！

當你看到夢想中的車子、快樂的情侶、完美的身材、小孩、別人身上的美好特質，或是任何你想要的事物，表示你和那些事物處於同一頻率！這時請感到興奮，因為興奮代表你正在選擇那樣東西。

生命中每樣事物出現在你面前，是要讓你選擇愛什麼、不愛什麼，但只有愛才能將你想要的一切帶來給你。人生的型錄中包含許多你不喜歡的東西，所以不要因為對它們產生不好的感覺，而選擇自己不想要的事物。評斷別人、認為他們很壞，就會為自己帶來負面性；對別人擁有的某樣東西感到羨慕或嫉妒，會為自己帶來負面性，同時以強大的力量把你想要的那樣東西推開。唯有愛才能為你帶來你想要的一切！

「這是每次都會發生在那些真正去愛的人身上的奇蹟：他們給出去的愈多，擁有的就愈多。」

里爾克（1875-1926）
作家及詩人

一的法則——你！

有一個你可以使用在吸引力法則上的簡單公式，在你面對所有人事物時都很有用。對吸引力法則而言，這世界上只有一個人——你！沒有別的人、別的事，只有你，因為吸引力法則回應的是**你的**感覺！**你**給出去的才重要，這個道理對其他每個人都一樣。所以，吸引力法則其實就是「**你**」的法則；只有你，沒有別人。對吸引力法則來說，這個人是你，那個人是你，那些其他人也是你，因為無論你對任何人有什麼樣的感覺，你都在把那個感覺帶來給你。

　　你對別人的感覺、看法，以及對他所做的事，你都施加在自己身上。論斷和批評別人，就是在論斷和批評自己；對其他人事物付出愛與感激，就是在愛自己、感謝自己。對吸引力法則來說，沒有「其他」這回事，所以即使某人擁有你想要的事物，也沒有關係，當你對它產生愛的感覺時，就將它納進了**你的**生命裡！至於那些你不喜歡的事物，只要不帶評判地避開，就不會把它們帶進你的人生。

吸引力法則永遠只會說「是」

　　遠離你不喜歡的事物，不要對它們產生任何感覺；別對你不喜歡的事物說「不」，因為這樣會把它們帶來給你。當你向你不喜愛的一切說「不」時，就會對它們產生不好的感受，並釋出不好的感覺，然後那些感覺會回到你身上——它們化為負面情境，出現在你的生命裡。

　　不要對任何事物說「不」，因為當你說「不，我不要那個東西」時，反而是在對吸引力法則說「**是**」。當你說「交通狀況糟透了」「這服務爛透了」「他們總是遲到」「這裡太吵了」「那個駕駛是個瘋子」「我已經在電話線上等很久了」，你就是在對這些事情說「**是**」，把更多類似的狀況納進你的人生中。

遠離你不喜歡的一切，不要對它們有任何感覺，因為它們所是的樣子沒有問題，但它們在你的生命裡沒有一席之地。

「非禮勿視，非禮勿聽，非禮勿言。」
日本日光東照宮三猿代表的箴言（17世紀）

相反地，當你看見你喜愛的事物時，要多說「是」。當你聽到你喜歡的某件事情時，要說「**是的，就是這樣**」；當你嘗到你喜歡的某樣食物時，要說「**是的，就是這個口味**」；當你聞到你喜歡的某個味道時，要說「**是的，就是這個味道**」；當你摸到你喜歡的某樣東西時，要說「**是的，就是這個觸感**」。無論你現在是否已經擁有你喜愛的事物，都對它說「**是**」，因為如此一來，你就透過付出愛，而選擇了它。

這沒有任何限制，如果你真的想要、真的渴望，每件事都是可能的。宇宙中沒有「匱乏」這回事，當人們發現缺了某樣東西，都只是缺乏愛。健康、金錢、資源或快樂從不匱乏，供給和需求是相等的，只要你付出愛，就會得到愛！

你的人生──你的故事

你正在創作你的人生故事，那麼，你說的故事是什麼樣子？你相信有些事你做得到，有些事做不到嗎？那就是你說的故事嗎？然而，那個故事並非事實。

如果有人說你比不上別人，千萬不要相信；如果有人說你任何方面都受到限制，別聽他的；如果有人說你無法靠興趣爲生，不要聽信他的話；如果有人說你不像歷史上的偉人那樣有價值，不要聽他的；如果有人說你現在不夠好，必須在人生中證明自己，不要相信他；如果有人說你無法擁有你喜愛的東西、無法做你喜歡的事，或無法成爲你想要的樣子，別聽他的。假如你相信了，就會自我設限，不過更重要的是，那並非事實！從來沒有一樣事物好到你不能擁有，或者好到不可能是眞的。

愛的力量說：「你給出什麼，就會得到什麼。」這句話裡有提到你不夠好嗎？愛的力量說：「無論你想成爲、想做或想擁有什麼，都對它付出愛，就一定會得到。」這句話裡有說你不夠好嗎？現在的你就已經很有價值，很值得擁有任何你想要的事物，你現在就夠好了。如果你覺得自己曾經做錯某件事，請了解到，對吸引力法則而言，你從那件事中獲得**領悟**，並**接受**它發生的事實，就已經是種赦免了。

眞實世界

> 「創世之初只存在可能性，有人觀察到時，宇宙才
> 成形。就算觀察者是在數十億年後才出現也沒關
> 係，因爲我們察覺到宇宙，所以它存在。」

馬丁・芮斯（生於1942年）
天文物理學家

　　我想帶你去看看你所見的這個世界背後的模樣，因爲你看
到的事物有許多並不如你以爲的那樣眞實。冒險地跨幾步進
入無形界，將改變你對這個世界的觀點，讓你自由，獲得一
個不受限的人生。

　　關於這個現實世界，你目前相信的事情大部分都不正確。
你其實比你自己所了解的更大、更多，生命和宇宙比你所了
解的還要浩瀚。你或許認爲世上萬物數量有限，金錢、健康
和資源都是有限的，但那並非事實。任何事物都不虞匱乏。
量子物理學告訴我們有無數個行星地球、無數個宇宙，而我
們每一瞬間都能從一個行星地球和宇宙的實相移動到另一
個。這就是透過科學浮現的眞實世界。

「在我們的宇宙中，我們會將自身頻率調整成與物質實相一致；然而，同一個空間裡其實有無數平行實相與我們並存——雖然我們無法調整到它們的頻率。」

史蒂文‧溫伯格（生於1933年）
獲諾貝爾獎的量子物理學家

你可能認為在真實世界中，時間是不夠用的，所以你常常要跟時間賽跑，日子過得很匆忙。但偉大的科學家愛因斯坦卻說，時間是幻覺。

「過去、現在和未來的分別只是一個頑固的幻覺。」

愛因斯坦（1879-1955）
獲諾貝爾獎的物理學家

你或許認為，真實世界是由生物與無生物組成的，然而在宇宙中，**每樣事物**都是活的，**沒有任何事物**不具生命，恆星、太陽、行星、地球、空氣、水、火及你所看到的每一件物體都充滿生命。這就是正在浮現的真實世界。

「樹擁有能感受到你的愛並回應那份愛的感官，而它回應或展現其喜悅的方式跟我們不一樣，也不是我們目前可以理解的。」

普蘭特斯，馬福德（1834-1891）
新時代思想家

你或許相信你看得見的事物才屬於真實世界，看不見的就不是真的。但事實上，當你看著某樣東西時所見到的顏色，並**不是**它真正的顏色，你看到的其實是物體吸收了它「真正所是」的所有顏色之後，把它「不是」的顏色反射出來的結果。所以，天空實際上並**不是**藍色的！

很多**聲音**你聽不見，因為它們的頻率超過你可以聽到的範圍，然而它們是真實存在的；你看不到紫外線或紅外線，因為它們的頻率超過你肉眼看得見的範圍，但它們真的存在。如果你把所有已知的光的頻率想像成喜馬拉雅山那般大小，那麼你看得見的部分其實小於一顆高爾夫球！

你或許相信真實世界是由你看得見、摸得著的固體所組成，但事實上，沒有一樣東西是固態的！你現在坐著的椅子其實是一股由移動的能量所產生的力量，而且當中大部分是空的。所以，你的椅子有多真實？

「智者了幻非實，故能遠離妄執。」

佛陀（西元前563-483）
佛教創始人

你也許認為你的想像力只是一些念頭和白日夢，在真實世界不具力量。然而，科學家要證明事情的真假時，其中一個障礙就是把他自己的信念從科學實驗中移除，因為他所相信或想像的實驗結果，將會**影響**這個實驗的結果。這就是人類想像力和信念的力量！而如同科學家的信念會影響實驗結果一樣，你的信念也會影響你人生的結果。

你的信念塑造了你的世界，無論它們真實與否。你想像且**覺得**真實的一切，創造了你的生命，因為你給了吸引力法則那些東西，它們就會回到你身上。你的想像力其實比你看到的世界更真實，因為你眼前所見的世界來自你想像及相信的一切！凡是你相信且**覺得**真實的，都會成為你的人生。如果你相信你無法擁有夢寐以求的人生，那吸引力法則一定會照你說的去做，然後你的真實世界就會變成那個樣子了。

「相信你看得見、摸得到的事物根本不是信念，而
相信看不見的，則是一種勝利和祝福。」

亞伯拉罕‧林肯（1809-1865）
美國第十六任總統

　　在人類歷史中，這種訴說著種種限制的故事代代相傳，不
過，現在該說出真實的故事了。

真實的故事

　　真實的故事是，你是個不受限制的存在體；真實的故事
是，宇宙和世界都是無限的。有許多世界和可能性你看不
見，但它們確實存在。你必須開始說一個不一樣的故事！你
必須開始述說關於你美妙人生的故事，因為無論你說的故事
是好是壞，吸引力法則一定會讓你接收到，然後你所說的就
會成為你的人生故事。

　　去想像並**感覺**你想要的一切，之後你就會接收到那些畫
面。盡可能地付出愛，盡可能地感覺美好，這樣愛的力量就
會讓你喜愛的人事物圍繞在你身邊。你可以成為你想要的樣
子、可以做你想做的事、可以擁有你想要的東西。

你愛的是什麼？你想要的是什麼？

　　把你人生故事中你不想要的事物丟掉，只保留你喜愛的
部分。如果你死抓著過去的負面事物不放，那麼每當你又想
起，就是在把它們編進你的故事裡，然後那些負面事物會立
刻回到你人生的畫面中！

　　丟掉和你童年時期有關、你不喜歡的事物，保留你喜愛
的；丟掉和你青少年及成年時期有關、你不喜歡的事物，
保留美好的。只要留下你這一生喜愛的事物就好，過去的所
有負面事件早已落幕、早已結束。你不再是那時的你，所以
如果它們會讓你產生不好的感覺，爲什麼還要放進你的故事
裡？你無須把過去的負面事物挖出來，只要別再把它們編進
你的故事即可。

「一股全能、永恆且難以理解的力量正推著我們所
有人前進。但是，雖然每個人都被推動著，許多人
卻躊躇不前，並不時回頭張望。他們沒有意識到，
自己其實在對抗這股力量。」

　　　普蘭特斯、馬福德 (1834-1891)
　　　　　　　　　　　　新時代思想家

　　如果你一直說著關於自己是受害者的人生故事，那些畫
面就會在你的生命中不斷重播；如果你一直說自己的聰明才
智、吸引力或才華不如人，那麼你會是對的，因為那些內容
將成為你人生的畫面。

　　當你讓自己的生命充滿愛的時候，就會發現罪惡感、怨恨
及任何負面感覺都將離你而去。接著，你會開始講述有史以
來最偉大的故事，而愛的力量會藉由你美妙人生的真實故事
畫面，使你的生命發光。

「愛是地球上最偉大的力量，它克服了一切。」

　　　和平朝聖者 (1908-1981)
　　　本名為米爾德·里榭特·諾曼，和平主義者

力量摘要

- 生命將一切事物呈現在你眼前，讓你選擇你喜愛的！

- 如果某人擁有你想要的某件事物，要覺得興奮，彷彿你已經擁有它了。假如你感覺到對它的愛，就會把同樣的東西帶來給自己。

- 當你看見自己想要的東西時，表示你和那些事物處於同一頻率！

- 人生的型錄中包含你不喜歡的東西，所以不要因為產生了不好的感覺，而選擇了它們。

- 遠離你不喜歡的一切，不要對它們有任何感覺。相反地，當你看見你喜愛的事物時，要多說「是」。

- 吸引力法則回應的是你的感覺！你給出去的才重要。吸引力法則其實就是「你」的法則。

- 論斷和批評別人，就是在論斷和批評自己；對其他人事物付出愛與感激，就是在愛自己、感謝自己。

- 當人們發現缺了某樣東西，都只是缺乏愛。

- 你現在就夠好了。如果你曾經做錯某件事，對吸引力法則而言，你從那件事中獲得領悟，並接受它發生的事實，就已經是種赦免了。

- 你的信念塑造了你的世界，無論它們真實與否。

- 你的想像力其實比你看到的世界更真實，因為你眼前所見的世界來自你想像及相信的一切！凡是你相信且覺得真實的，都會成為你的人生。

- 無論你說的內容是好是壞，都會成為你的人生故事。所以請開始述說你美妙人生的故事，然後吸引力法則一定會讓你接收到。

力量之鑰

「你最珍貴、最有價值的財產和你最偉大的力量是無形的、觸摸不到的，沒有人可以拿走，你——就只有你——才能把它們給出去，然後你將因為自己的付出，而獲得豐足。」

克萊門‧史東 (1902-2002)
作家及商人

要運用愛的力量獲得你本來就該擁有的人生，「力量之鑰」是最強而有力的方式。這些方法簡單且容易，就算小孩子都能照著做。每把鑰匙都將開啟你內在那股巨大的力量。

愛之鑰

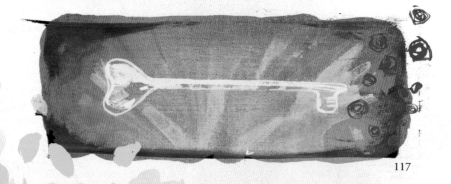

　　要讓愛成爲你人生的終極力量，你必須全心去愛，彷彿此生從未愛過。跟生命墜入愛河吧！無論你之前的人生愛過多少，請將那個感覺加倍，變成兩倍、十倍、百倍、千倍、百萬倍，因爲你能感覺到的愛的程度就是這麼高！你可以感受到的愛沒有限制、沒有上限，它全在你之內！你是由愛做成的，那是你、生命和宇宙非常核心的本質，而且你可以遠比你過去所愛過、比你想像過的愛得更多。

　　當你愛上生命時，每一種限制都會消失，你破除了金錢、健康、快樂，以及你在人際關係中體會到的喜悅的限制；當你愛上生命時，就不會有任何阻力，而且無論你喜歡的是什麼，幾乎都很快就出現在你的生命裡。你一走進某個房間，別人就會感覺到你的存在；機會將不斷傾洩至你的人生當中，而你最輕微的碰觸就能消融負面性；你的感覺會超乎你想像的好；你會充滿無限的能量，非常振奮，並且對生命擁有不可遏止的熱情；你會覺得輕如羽毛，如同飄浮在空氣中，而你喜愛的一切似乎都自動來到你面前。只要愛上生命，解放你內在的那股力量，你就會變得毫不受限、所向披靡！

> 「即使過了這麼長的時間，太陽也從未對大地說：
> 『你欠我一份恩情。』看啊！帶著如此偉大的愛，
> 它照亮了整片天空。」

哈菲茲（1315-1390）
蘇菲派詩人

　　那麼，要如何愛上生命呢？就跟你談戀愛時一樣——你會喜愛對方的一**切**！和某人墜入愛河時，你看到的、聽見的、說出口的，統統只有愛，而且會全心全意**感受到**愛！這就是運用愛這股終極力量和生命墜入愛河的方式。

　　在一天當中，無論你在做什麼、無論你身在何處，都要尋找你喜愛的事物。你可以找一找自己喜歡的科技和發明、喜歡的建築物、喜歡的車子和道路、喜歡的咖啡館和餐廳、喜歡的商店；逛街時，盡量刻意去尋找你喜歡的東西；在他人身上尋找你喜歡的特質；在大自然中尋找你喜歡的每一樣事物：鳥兒、樹木、花、香味，以及大自然的各種色彩——要看著、聽著、說著你喜愛的一切。

「了解到你是和一股力量同工，這股力量在它經手
的事情上從未失手，你就可以帶著信心大步向前，
因為它同樣不會令你失望。」

　　　　　羅伯特・柯里爾（1885-1950）
　　　　　　　　　　　　　　　新時代思想家

　去想、去說、去做你喜愛的一切，因為當你做這些事情
時，你正在**感受愛**。

　說一說在你的家庭、家人、配偶及孩子身上，有哪些部分
是你喜歡的；說一說你喜歡朋友的哪些特質，告訴他們你喜
歡他們哪些地方；說一說你摸過、聞過、嘗過，且深受你喜
愛的東西。

　每天都透過挑出你喜歡的事物並感覺到它們，來告訴吸
引力法則你所愛的一切。想想看，一天當中光是藉由感覺
到自己喜愛的事物，你就能給出這麼多愛。走在街上時，在
別人身上尋找你喜歡的事物；走進店裡時，尋找你喜愛的東
西；說「我愛那套衣服」「我愛那些鞋子」「我愛那個人眼
睛的顏色」「我愛那個人的頭髮」「我愛那個人的笑容」「
我愛那些化妝品」「我愛那個味道」「我愛這家店」「我愛
那桌子、燈、沙發、地毯、音響設備、外套、手套、領帶、
帽子和首飾」「我愛夏天的味道」「我愛秋天的樹」「我愛

春天的花」「我愛那個顏色」「我愛這條街」「我愛這座城
市」。

　　在各種狀況、事件及情境中尋找你喜愛的事物，並且去**感
受那一切**：「我喜歡接到那樣的電話」「我喜歡收到那樣的
電子郵件」「我喜歡聽到那樣的好消息」「我喜歡這首歌」
「我喜歡看到人們快樂的樣子」「我喜歡和別人一同歡笑」
「我喜歡在開車上班時聽音樂」「我喜歡在搭火車或公車時
可以放鬆」「我喜歡我住的城市舉辦的節日活動」「我喜歡
慶祝活動」「我喜愛生命」。在每個點亮你的心的主題上尋
找你喜愛的事物，然後盡可能去感受最深刻的愛。

　　如果你感覺不好，而你想要改變自己的感受，或者假如
你想讓自己的美好感覺再好一點，那麼就花個一、兩分鐘，
在心裡列出你喜愛的事物。你可以在每天早上換衣服時、走
路、開車，或是到任何地方旅行時做這件事。雖然做來很簡
單，對你的生命卻有非常神奇的影響。

　　提筆寫下你喜愛的每一樣事物，我建議你一開始每個月列
一次這樣的清單，之後則是至少每三個月。這張清單可以包
括你喜歡的地方、城市、國家，還有你喜愛的人、你喜愛的
顏色、你喜愛的風格、你喜愛的人格特質、你喜愛的公司、
你喜愛的服務、你喜愛的運動、你喜愛的運動員、你喜愛的
音樂、你喜愛的動物，以及你喜愛的花、植物和樹。列出你

喜愛的所有東西，從你喜歡的各種不同款式的衣服、家、家
具、書、雜誌、報紙、汽車、設備，到你喜愛的各種不同的
食物。想一想你喜歡做的事，並把它們全部列出來，例如跳
舞、運動、參觀畫廊、聽音樂會、參加宴會、購物，也列出
你喜歡的電影、假期和餐廳。

> 「當一個人全然地進入愛中，無論世界原本有多不
> 完美，都會變得豐富而美麗——它純然由愛的機會
> 所組成。」

齊克果（1813-1855）

哲學家

　你的工作就是每天盡可能去愛。如果你今天可以盡自己所
能去愛每一樣事物，去尋找並感受你喜愛的一切，並且遠離
你不喜歡的那些事物，那麼你的明天將充滿你想要及喜愛的
一切所帶來的難以言喻的快樂。

> 「愛是打開快樂之門的萬能鑰匙。」

奧利佛‧溫德爾‧霍姆斯（1809-1894）

哈佛醫學院院長

愛就是留心

　　你必須留意去感受周遭每一樣事物的愛。你必須察覺到身旁的每一樣事物，然後去愛，否則你會錯過一些事。你必須留心查看你喜愛的事物；你必須注意去聽你喜愛的聲音；在經過花叢時，你必須注意嗅聞它們動人的香味；吃東西時，你必須仔細留意，才能真正品嘗口中的食物，完全感受到它的滋味。如果你走在街上，卻只聽著腦子裡的聲音，你會錯失一切──那就是常常發生在許多人身上的狀況。他們讓腦海中的念頭催眠自己，所以處於某種恍惚狀態，無法察覺周圍的任何事。

　　你是否曾經走在路上，然後一位好友突然大叫你的名字，但因為你沒看到他，結果嚇了一跳？或者你看見一位朋友，在你大叫她的名字好幾次之後，她才突然看到你，然後嚇得跳起來？你的呼喚把她叫醒了，因為她並未察覺自己走在街上，而是處於某種恍惚狀態，聽著自己腦子裡的念頭。你是否曾經在開車旅行時，突然間看看四周，才發現接近目的地了，但你卻不記得已經開了這麼長的一段路？你因為傾聽自己的念頭而催眠了自己，所以心神恍惚。

　　好消息是，你給出愈多愛，就會變得愈留神、愈有意識！愛能讓你完全警覺，當你每天盡可能認真注意身旁那些你喜愛的事物時，就會變得愈有覺知、愈留心。

如何讓心智專注在愛

> 「心智的清澈明晰，也代表著非常清楚自身熱情之
> 所在，這就是為什麼一個擁有偉大且清明心智的人
> 能熱切地去愛，而且很清楚他愛的是什麼。」
>
> 布萊茲・巴斯卡 (1623-1662)
> 數學家及哲學家

　　保持覺察的其中一個方法，就是刻意去問你的心智這類問題：「我可以看見哪些我喜愛的事物？」「我可以看見多少我喜愛的事物？」「還有什麼東西是我喜歡的？」「我可以看到什麼讓我激動的事物？」「我可以看到什麼讓我興奮的事物？」「我可以看到什麼讓我充滿熱情的事物？」「我可以看到更多我喜愛的事物嗎？」「我可以聽見哪些我喜愛的事物？」當你問你的心智這些問題時，它不得不馬上忙著提供你答案；而為了想出這些問題的解答，它會立刻停止其他的念頭。

　　其中的祕訣就在於習慣性地持續向你的心智提問。你問的問題愈多，就愈能掌控你的心智，然後你的心智會和你合作，並且做你希望它做的事，而不是跟你唱反調。

如果沒有好好控制自己的心智，那麼有時它會像從山上疾駛而下的無人駕駛貨運列車。你是你心智的駕駛，所以要抓住控制權，下指令讓它保持忙碌，告訴它你要它去哪裡；如果不告訴你的心智要做些什麼，它就會照自己的意思往前跑了。

「對那些不控制心智的人來說，心智就像敵人。」

薄伽梵歌（西元前5世紀）

古印度經典

你的心智是一個可為你所用的強大工具，前提是，你必須掌控它。你希望它可以幫助你付出愛，而不是任由它用失控的思想來讓你分心。訓練你的心智專注在愛上，不會花太多時間，而一旦訓練完成，你就等著看自己的人生會發生些什麼吧！

感恩之鑰

> 「如果不知感恩，你能行使的力量非常有限，因為
> 讓你與力量連結的，正是感恩。」

華勒思・華特斯（1860-1911）

新時代思想家

　　我知道有數以千計的人們，在難以想像的困境中，透過
感恩完全改變了自己的人生。我知道在似乎沒有任何希望的
情況下，發生過許多健康奇蹟：衰竭的腎臟再生、心臟病痊
癒、視力恢復、腫瘤消失，以及骨骼自行生長和重建。我知
道有原本破裂的人際關係，因為感恩而變得美好：夫妻破鏡
重圓、疏遠的親人重聚、父母改變了與子女的關係、老師轉
化了與學生的關係。我見過一貧如洗的人透過感恩變成有錢

人：有人挽救了衰敗中的事業，而原本一直為錢所苦的人創造了富足，甚至有人本來流落街頭，卻在一星期之內擁有了一份工作和一間房子。我知道有憂鬱的人藉由感恩，突然過著喜悅和滿足的生活，而原本受焦慮症及其他心理疾病所苦的人也透過感恩，讓自己的心智恢復完全健康的狀態。

世上每個救世主都運用感恩的力量，因為他們都了解到，感恩是愛的最高表現形式。他們知道在感恩的時候，他們就和法則完全和諧一致，不然你認為耶穌為什麼在施行每一次奇蹟之前，都要先**祝謝**呢？

每一次你覺得感激時，就是在**付出愛**，而你給出去什麼，就會接收到什麼。無論你是對人、車子、假期、夕陽、禮物、新房子或某件讓你興奮的事表達感謝，你都是在對那些事物付出愛，然後你將會獲得更多喜悅、更多健康、更多金錢、更多神奇的經驗、更多融洽的人際關係、更多機會。

現在就試試看，想著你感謝的某件事或某個人。你可以選擇你在這個世上最愛的人，專注在他身上，並且想著所有跟他有關、讓你喜愛且感謝的事。接著告訴那個人 —— 在心裡默念或大聲說出來都行 —— 你愛他、感激他哪些地方，如同他就在你身邊一樣。告訴他你為何愛他，說出所有的理由。你可以說「我記得當……的時候」來喚起某些特定場合或時刻，而當你這樣做時，請感受開始充滿你身心的感恩之情。

你在上面那個簡單的練習中所給出去的愛，一定會在那段關係和你的一生中回到你身上。透過感恩付出愛，就是那麼容易。

愛因斯坦是有史以來最偉大的科學家之一，他的發現完全改變了我們看待宇宙的方式；而當被問到他的巨大成就時，愛因斯坦只說要感謝其他人。有史以來最聰明的人之一都還會去感謝別人給予他的一切——一天感謝一百次！那表示愛因斯坦一天當中至少付出愛一百次，難怪生命會向他展現那麼多奧祕。

「我每天會提醒自己一百次，我的內在和外在生活都是仰賴他人——無論活著或已經去世——努力的成果。所以，我必須竭盡全力，希望能以同等的貢獻回報我從過去到現在自他人身上所獲得的一切。」

愛因斯坦（1879-1955）
獲諾貝爾獎的物理學家

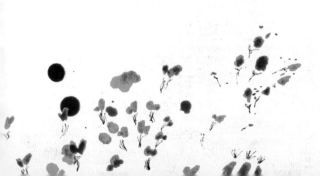

感恩是強大的倍增器

當你感謝你所擁有的事物時，無論它們有多小，你都會得到更多那樣的事物。如果你對目前擁有的金錢感恩，不管有多麼少，你都會得到更多錢；如果你對一段關係感恩——即使它並不完美——這段關係將會變得更好；如果你對目前的工作感恩——即使它不是你夢寐以求的——你將會在工作中獲得更好的機會。因為，感恩是生命中強大的倍增器！

> 「如果你一生中唯一說過的禱告詞是『感謝你』，
> 那也足夠了。」

師長艾克哈特 (1260-1328)

基督教作家及神學家

感恩始於簡單的三個字——「**感謝你**」，不過你必須全心全意覺得感恩才行。你愈常說「**感謝你**」，就愈能感受到它，然後你就會給出更多愛。想在生活中運用感恩的力量，有三種方式，而這三種方式都是在給出愛：

1.對你人生中已經獲得的一切感恩（過去）。

2.對你人生中正在接收的一切感恩（現在）。

3.對你想要的事物感恩，彷彿你已經得到了（未來）。

如果不感謝你從過去到現在得到的一切，你就沒有付出愛，因此你不會擁有改變任何現況的力量；而當你對已經得到，以及正持續在接收的事物表達感恩時，那些事物會**倍增**，同時，感恩還會帶來你想要的一切！要對你渴望的事物感恩，彷彿你已經得到了，然後根據吸引力法則，你就**一定**會得到它。

只要感恩，就能讓你喜愛的事物倍增，並完全改變你的人生——你能想像比這更簡單的事嗎？

有個離過婚的男人原本很孤單、沮喪，而且從事一份他很討厭的工作，後來他決定每天厲行愛與感恩，來改變他的生命。他從帶著正向態度面對一天當中與他交談的人開始。當他打電話給老友和家人時，他們對於他變得如此正面和快樂，都感到很驚訝。他開始感謝他擁有的一切，甚至連自來水都謝。於是在一百二十天內，發生了以下這些事：他討厭

的每一件跟工作有關的事，竟奇蹟般地改變了，現在他很喜歡自己的工作，而他的工作甚至讓他有機會去一些他一直很想造訪的地方；他和所有家庭成員之間的關係變得前所未見地美好；他付清了車貸，而且需要錢時就會有錢；無論發生什麼事，他總是過得很愉快；另外，他再婚了──對象是他高中一年級時的初戀情人！

「對你已接收到的豐足表達感恩，是讓豐足持續下去的最佳保證。」

穆罕默德（570-632）
伊斯蘭教創始人

如果感恩一點點，你的人生就會改變一點點；如果每天大量地感恩，你的人生就會以你現在意想不到的方式改變。感恩不只讓你生命中的每樣事物倍增，還會消除負面事物。無論你發現自己身處什麼樣的負面情境，**總是**可以找到值得感謝的事，而當你這麼做時，你就駕馭了可以消除負面性的愛的力量。

感恩是通往愛的橋梁

「如果我們能靜下來、做好準備，就可以在每一次
失望中找到補償。」

梭羅（1817-1862）
超驗主義作家

　　感恩使我的母親脫離最深沉的悲痛，得到快樂。我的父母
幾乎是一見鍾情，他們的愛情和婚姻是我所見過最美滿的。
當我父親過世時，母親經歷了巨大的傷痛，因為她非常想念

我父親；然而在悲傷與痛苦中，我母親仍開始尋找可以感恩的事物。除了感謝過去幾十年來和我父親在一起時所感受到的愛與快樂之外，她還尋找未來可以感恩的事情。她發現要感謝的第一件事就是，現在她可以去旅行了。旅行是我母親一直想做、而父親在世時她沒去做的事，因為我父親從來不想去旅行。母親的確實現了自己的夢想；她不但去旅行，而且做了其他許多她一直想做的事。感恩是一座橋梁，它讓我的母親走出巨大的傷痛，進而建立了快樂的新人生。

在感恩時，你不可能覺得難過或產生任何負面感覺。如果你目前處境艱難，就去找一件值得感恩的事。找到一件，就接著再找下一件，然後是另一件，因為你找到的每一件值得感恩的事，都能改變當下的狀況。感恩是一座橋梁，讓你從負面感覺，走向能駕馭愛的力量的境地！

「感恩是疫苗、抗毒素及抗菌劑。」

約翰‧亨利‧喬懷德（1864-1923）

長老教會牧師及作家

有任何好事發生在你身上，都要感恩；無論多麼微不足道，都要說「謝謝」。找到一個理想的停車位、聽到電臺播出你最喜歡的歌、號誌燈剛好變綠，或是在公車或火車上找

到空位時，要說「**謝謝**」。這些都是你在生活中接收到的好事。

　　向你的各個感官表達謝意：謝謝讓你看得見的眼睛、聽得見的耳朵、可以品嘗食物的嘴巴、可以嗅聞味道的鼻子，以及讓你可以感覺的皮膚。感謝讓你行走的雙腳，讓你用來做幾乎每一件事的雙手，以及讓你能表達意見、與人溝通的嘴巴。感謝你神奇的免疫系統，讓你保持健康或痊癒；感謝你所有的器官完美地維持著你的身體，讓你活著。感謝你美妙的大腦，這世界上沒有任何電腦科技能複製它。你的整個身體是這星球上最偉大的實驗室，沒有任何事物可以複製它的奇妙之處，連一點點都沒辦法。你就是一個奇蹟！

　　感謝你的家、你的家人、你的朋友、你的工作，以及你的寵物。感謝太陽，感謝你喝的水、你吃的食物，以及你呼吸的空氣──缺了其中任何一種，你就無法存活。

　　感謝樹木、動物、海洋、鳥兒、花朵、植物、藍天、雨、星星、月亮，以及我們這個美麗的星球。

　　感謝你每天使用的交通工具；感謝提供你生活所需各項基本服務的每一家公司，讓你可以過著舒適的生活。因為有這麼多人辛苦、流汗，你才能打開水龍頭就有乾淨的水；因為有這麼多人付出畢生心血，你才能按一下開關就有電可用。

想像一下有多少人日復一日、年復一年地拚命工作，鋪設出遍布全球的火車軌道；而將全世界連結成一個生活網的那些道路，究竟是多少人辛苦鋪設出來的，簡直難以想像。

「在日常生活中，我們很難理解自己得到的其實遠比付出的多，也很難理解唯有透過感恩，人生才會變得富足。」

迪垂克‧潘霍華（1906-1945）

路德教派牧師

你要勵行感恩，才能使用它的力量。你**感覺到**的謝意愈多，**付出**的愛就愈多；你付出的愛愈多，就能**得到**愈多的愛。

身體健康狀況良好時，你會感恩嗎？或者只有當身體生病或受傷時，你才會注意到自己的健康狀況？

一夜好眠時，你會感恩嗎？或者你把那些睡得好的夜晚視為理所當然，只有失眠時才會想到自己的睡眠狀況？

　　當一切都很順利時，你會對自己所愛的人表達感激之情嗎？或者只有在出現問題時，你才會去討論自己的親密關係？

　　當你使用某項器具或按下開關時，會感謝電嗎？或者只有在停電時，你才會想到電的好處？

　　你感謝每天都活著嗎？

　　每一秒都是個感謝和倍增你喜愛事物的機會。過去我認為自己是個很懂得感恩的人，但直到實踐之後，我才知道真正的感恩是什麼。

　　如果是在開車或走路，我會利用那段時間感謝生命中的每一樣事物，連從廚房走到臥室時，我也會表達感恩之情。我會衷心地說：「謝謝給予我這樣的生活，謝謝這樣的和諧，謝謝給我這樣的喜樂，謝謝我的健康，謝謝所有好玩及令人興奮的事，謝謝生命的奇蹟，謝謝我生命中每一件神奇及美好的事。」

　　要感恩！感恩又不花錢，然而它比世上所有的財富更具價值。感恩讓你可以擁有人生中的各項財富，因為無論你感謝的是什麼，它都會倍增！

玩樂之鑰

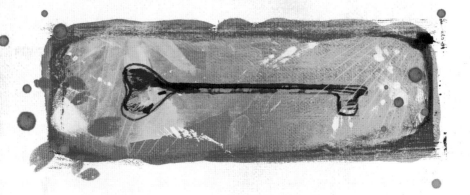

　　有一種絕對能讓你對人生中的任何課題都感覺美好的方法，那就是運用想像力創造一些遊戲，然後去玩。玩樂是有趣的，因此當你在玩的時候，你的感覺會十分美好。

　　從某個時候開始，我們不再像孩童時期那樣嬉笑、玩樂，結果長大成人後，我們對生命的態度愈來愈嚴肅。但嚴肅會為你的人生帶來嚴肅的情境，而當你玩樂時，你會覺得很美好──瞧！真正美好的情境就進入你的生命了。

　　人生應該是有趣的。運用吸引力法則來玩，並利用想像力創造一些遊戲，因為吸引力法則不知道也不在乎你是否在想像、在玩，或者它到底是不是真的。無論你想像或感覺到的是什麼，都會成真！

如何玩內在遊戲

「透過小孩子最能讓人了解並學會愛的法則。」

聖雄甘地（1869-1948）

印度政治領袖

　　該怎麼玩？就去做你小時候會做的事，運用自己的想像力創造一些讓你信以為真的遊戲。

　　舉例來說，想像你是個自行車選手，而且你想成為世界上最優秀的一個，並贏得環法自行車賽。你的訓練進行得很順利，眼前只看得到自己的夢想，但是你卻被診斷出罹患某種疾病，而且只有百分之四十的存活機率。在接受治療時，你想像自己正在參加環法自行車賽，那是你生命的競賽；你想像醫療人員是你的訓練團隊，在每個檢查點給你回饋；每天你都想像自己是在參加計時賽，而且成績愈來愈好！你和你的醫療團隊一起贏得這場比賽，你戰勝了疾病。

　　一年後，你贏回自己的健康，贏得了環法自行車賽，而且連贏七年，成為歷史上唯一達到那項成就的自行車手！這就是藍斯‧阿姆斯壯所做的事。他將最困難的狀況當作道具，創造一個想像中的遊戲，並實現了自己的夢想。

又比方說，你想要擁有世界上最健美的身材，也想成爲美國的知名演員。你住在歐洲的一個小村莊，出身自窮困的家庭，但你依然做著你的夢。你利用一張英雄的照片雕塑自己的身體，並且想像你贏得歐洲健美先生的頭銜。這個頭銜你包辦了七次，接下來，該要成爲知名演員了。你到美國去，卻沒有人相信你是當演員的料，還提出各種你永遠無法實現夢想的理由。但是你一直都想像自己變成有名的演員，你可以感受到成功，嘗到成功的滋味，而且知道它必定會發生。這就是阿諾·史瓦辛格如何贏得七次「奧林匹亞先生」的頭銜，接著又成爲好萊塢大明星的故事。

再想像你希望成爲偉大的發明家。小時候，你的心智被挑戰到極限，幻覺和眩目的閃光讓你無法承受。你沒有完成大學學業，而且因爲神經衰弱而離職。爲了從危害你身體的幻覺中解脫，你藉由創造自己的想像世界，掌控了你的心智。後來因爲想創造一個更美好的未來，你將想像力引導至一些新發明上。你的發明完全是在想像中完成的；你更改發明物的結構、進行改善，甚至操作設備，卻從來沒有畫草圖。你在腦子裡建造了一間實驗室，並且在將你的點子變成實際儀器之前，運用想像力檢查新發明物的耐用性。這就是尼古拉·特斯拉成爲偉大發明家的故事。不管是交流電動機、無線電、揚聲器、無線通訊、螢光燈、雷射光、遙控技術，或是他三百多種專利發明的任何一項，全都是用這個方式發展出來的──透過他想像力的力量。

「邏輯帶你從A走到B，想像力則帶你雲遊四方。」

愛因斯坦 (1879-1955)
獲諾貝爾獎的物理學家

　　無論你要的是什麼，都請你善用想像力、創造一些內在遊戲，然後開心地玩。你可以使用任何道具作輔助。假如你想要減重或擁有更好的身材，那就創造一些遊戲，讓你覺得彷彿現在就擁有那樣的身材。你可以在周遭貼滿許多健美身材的照片，但其中的訣竅是：你一定要想像那些身體是**你的**！你一定要想像且感覺到你是在看著**你自己的**身體，而不是別人的。

　　如果你體重過重或過輕，那就想想若你現在就擁有理想體重，你的感覺會如何？應該會和現在的感受不同。跟你有關的每一件事都會改變：你走路的樣子、說話的方式和做事的方法都不一樣了。現在就像那樣走路！現在就像那樣說話！而你的舉止要如同現在就擁有那個理想體重一樣！無論你想要的是什麼，都要去想像擁有它時你會有什麼感覺，而且現在的行為舉止就要像已經擁有它了。你想像且感覺到的是什麼，釋放出去給吸引力法則的就是什麼，然後你一定會接收到它。

　　藍斯·阿姆斯壯、阿諾·史瓦辛格及尼古拉·特斯拉——這些人都是運用想像力在玩遊戲，並且全心地感受他們的夢想。他們想像的一切如此眞實，眞實到他們可以**感覺到**自己的夢想，而且確信它們必定會實現。你的夢想看起來有多遙遠並不重要，事實上，它和你的距離比你生命中的任何事物都要近，因爲能實現你夢想的所有力量，就在你之內！

　　「*在信的人，凡事都能。*」

　　　　　　　　耶穌（約西元前5年至西元30年）
　　　　基督教創始人，《聖經》馬可福音第九章第二十三節

　　未來我們將看到愈來愈多證據，證實想像力的力量。科學家已經發現，當你想像自己實際上在做某件事的樣子時，特殊的「鏡子細胞」會啓動大腦中的相同區域；也就是說，只要玩這種內在遊戲，去想像你希望經歷的事物，你的大腦就會把它當作眞的，而做出反應。

　　如果你正在講述某件過去或未來的事，此刻，你就在想像、就在感受那些事情，也處於那個頻率上，而那就是吸引力法則正在接收的事。當你想像著自己的夢想時，吸引力法則當下就在接收。要記住，對吸引力法則而言，沒有時間的區別，只有此時此刻而已。

　　如果你覺得沒有及時接收到你想要的事物，那是因為要讓**你**進入和自己渴望的事物相同的頻率，需要花費一些時間。而為了和你的渴望進入同一個頻率，你必須現在就感覺到已經擁有你渴望的事物那份愛！當你讓自己進入同樣的感覺頻率，並且停留在那裡，你所渴望的事物就會出現。

　　「你可能需要或渴望的一切已經是你的了。透過想
　　像並感覺到你的願望已經實現，來召喚你渴望的事
　　物，讓它成為現實。」

　　　　　　　　　　　　納維爾，高達德（1905-1972）
　　　　　　　　　　　　　　　　　　　　新時代思想家

　　當你對發生的任一件事感到非常興奮，且覺得很美妙時，要把握住那股能量，去想像自己的夢想。你只要很快地想像並感覺一下你的夢想，就能駕馭那股被渴望的事物激發興奮感所產生的力量！這就是在玩遊戲，非常有趣；這就是創造你的生命的喜悅。

力量摘要

愛之鑰

- 要讓愛成為你人生的終極力量，你必須彷彿此生從未愛過般地去愛。跟生命墜入愛河吧！

- 只看見愛、只聽到愛、只說愛，而且全心全意去感受愛。

- 你可以感受到的愛沒有限制、沒有上限，它全在你之內！你是由愛做成的。

- 每天都透過挑出你喜歡的事物並感覺到它們，來告訴吸引力法則你所愛的一切。

- 想改變自己的感受，或是想讓美好的感覺再好一點，就在心裡列出你喜愛的每一樣事物！

- 你的工作就是每天盡可能去愛。

- 每天要盡可能認真注意身旁那些你喜愛的事物。

感恩之鑰

- 每一次你覺得感激時，就是在付出愛。

- 對你人生中已經獲得的一切感恩（過去）。
  對你人生中正在接收的一切感恩（現在）。
  對你想要的事物感恩，彷彿你已經得到了（未來）。

- 你的感恩之情會讓你生命中的每樣事物倍增。

- 感恩是一座橋梁，讓你從負面感覺，走向能駕馭愛的力量
  的境地！

- 要勵行感恩，才能使用它的力量。有任何好事發生在你身
  上，都要感恩；無論多麼微不足道，都要說「謝謝」。

- 你感覺到的謝意愈多，付出的愛就愈多；你付出的愛愈
  多，就能得到愈多的愛。

- 每一秒都是個感謝和倍增你喜愛事物的機會。

玩樂之鑰

- 當你在玩的時候,你的感覺會十分美好——然後真正美好的情境就進入你的生命了。嚴肅則會帶來嚴肅的情境。

- 人生應該是有趣的!

- 吸引力法則不知道你是否在想像、在玩,所以無論你在想像中投射出什麼、玩些什麼,都會成真!

- 無論你要的是什麼,都請你善用想像力、善用你找得到的任何道具,創造一些內在遊戲,然後開心地玩。

- 現在的行為舉止就要像已經擁有它了!你想像且感覺到的是什麼,釋放出去給吸引力法則的就是什麼,然後你一定會接收到它。

- 如果你覺得沒有及時接收到你想要的事物,那是因為要讓你進入和自己渴望的事物相同的頻率,需要花費一些時間。

- 當你對任一件事感到非常興奮,且覺得很美妙時,要把握住那股能量,去想像自己的夢想。

力量與金錢

「貧窮始於感覺到貧窮。」

愛默生（1803-1882）
超驗主義作家

你對金錢的感覺如何？大多數人會說他們愛錢，但如果錢不夠用，他們對金錢的感覺就一點也不好。假如一個人有他所需要的錢，那麼很確定的是，他對金錢就會有好感。所以你可以分辨出你對錢的感受如何，因為如果你沒有自己所需的錢，那你對金錢就不會有好的感覺。

若你把眼光放到外面這個世界，會發現大多數人對錢的感覺並不好，因為世界上大部分的金錢和財富都掌握在百分之十的人手中。而有錢人和其他人唯一的差別就是，有錢人對金錢給出的美好感覺多於不好的感覺。事情就是那麼簡單。

為什麼那麼多人對金錢沒有好感呢？不是因為他們從沒擁有過金錢——大多數的有錢人一開始也是一無所有。之所以

有這麼多人對錢有不好的感受，是因為他們對金錢抱持著負面信念，而那些負面信念是在他們小時候就被灌輸到他們的潛意識裡，例如「我們買不起那個」「錢是萬惡淵藪」「有錢人一定不誠實」「想要錢是錯的，而且很俗氣」「要擁有很多錢，意味著要拚命工作」。

當你還是個孩子時，你對父母、老師或社會告訴你的每一件事，幾乎是照單全收。因此在沒有深入了解的情況下，長大後你對錢就有了負面感受。諷刺的是，有人告訴你想要錢是錯的，同時又有人告訴你必須賺錢謀生，即使那表示你得去做自己不喜歡的工作。甚至有人或許會告訴你，你想謀生的話，只能做某些工作，種類有限。

這些事情沒有一件是真的。告訴你這些事的人不是有意的，他們只是在傳遞自己相信且認為真實的事，但是由於他們相信了，吸引力法則就會讓它在他們的生命中成真。現在你已經了解到，生命是以一種完全不同的方式在運作，如果你的人生當中欠缺金錢，那是因為你對錢付出的壞感覺多於美好的感受。

「以無事取天下。」

老子（約西元前6世紀）
道教創始人

愛是黏力

　　我出身卑微，就算我的父母不想要很多的錢，他們還是必須很拚命才能使收支平衡。所以我和多數人一樣，帶著跟金錢有關的負面信念長大。我知道我必須改變對金錢的感受，才能改變我的狀況，而且我知道我必須完全改變自己，這樣金錢不僅會來到我面前，還會緊黏著我！

　　我發現有錢人不僅能為自己吸引到錢，還能讓金錢黏著他們不放。如果你把世上所有的錢平均分給每一個人，短時間內，錢又會回到少部分人手上，因為吸引力法則一定跟著愛走，所以那些對金錢充滿美好感覺的少數人會把錢吸回他們身上。愛的力量移動了世上所有的金錢和財富，而且它是依據法則來移動的。

　　「這是一個永恆不變的基本原理，本來就存在於宇宙萬物、每一個哲學系統、每一種宗教、每一種科學之中。一切都脫離不了愛的法則。」

　　　　　　　　　　查爾斯・哈尼爾（1866-1949）
　　　　　　　　　　　　　　　新時代思想家

　　有人贏得樂透彩時，你可以看到吸引力法則的作用。那些人全心想像並感受到自己會中獎，他們談論的是**當**他們贏得彩金時要做的事，而不是**如果**贏得樂透彩要做些什麼；他們計畫並想像**當**中獎之後會做哪些事，然後他們就中獎了！不過，對樂透得主的調查統計顯示了金錢是否會留在他們身上。大多數贏得樂透彩的人，不到幾年都會失去所有的錢，而且會比中獎之前負更多債。

　　會發生這樣的事是因為，雖然他們使用吸引力法則贏了樂透彩，但就算發了財，他們對金錢的真正感受並沒有改變，於是他們失去了全部的錢。金錢並未附著在他們身上！

　　當你對金錢的感覺不好時，你就在驅趕它。它永遠不會黏著你，即使你獲得一筆意外之財，不久之後，你會發現它已經從你的指縫中溜走了——來了更大的帳單、東西故障、各種預料之外的狀況都發生了，這些事情榨乾你的錢，把錢從你的手中拿走。

　　所以，什麼東西才能讓錢黏住？愛！愛是帶來金錢的吸引力，也是讓金錢留住的力量！這跟你是不是個好人沒有關係。你是不是好人毋庸置疑，因為你比你所了解的還要偉大。

　　你必須付出愛，並且對錢感覺美好，才能把錢帶來給你，並且讓它留下來！如果你現在缺錢，而且卡債繼續增加，你就沒有黏力，而且你正在驅趕金錢。

　　重點不在於你現在處於什麼樣的財務狀態，而你的事業、你的國家或這個世界的財務狀態如何也不重要。沒有什麼情況是「無望的」，即使在大蕭條時期，還是有許多人成功，因為他們知道愛和吸引力的法則。他們透過想像且感覺到想要的一切來實踐這個法則，並且對抗周遭的情勢。

「讓我們的生活美好起來，時代就會更美好。我們
成就了自己的時代；我們是怎樣，這個時代就會是
怎樣。」

聖奧古斯丁（354-430）
神學家及主教

愛的力量可以突破每個障礙或狀況。世界問題對愛的力量
來說並不構成阻礙，無論時局是好是壞，吸引力法則都以同
樣的力量運作。

如何改變你對金錢的感覺

當你改變對錢的感受時，你生命中的金錢數量就會產生變
化。你對錢的感覺愈好，就能為自己吸引到更多錢。

如果你的錢不多，那麼收到帳單時你的感覺不會好。然而
當你對一張巨額帳單產生負面反應的那一刻，你就釋出了不
好的感受，而可以確定的是，你將收到金額更大的帳單。無
論你給出去的是什麼，你都會接收回來。最重要的是，當你
支付帳單時，要找個方法——任何方法——讓自己感覺美好。

絕對別在感覺不好的時候付帳，因為你只會替自己帶來更大的帳單。

　　要改變自己的感受，你必須使用想像力將你的帳單變成某種讓你感覺較好的事物。你可以想像它們其實根本不是帳單，而是因為你得到了很好的服務，所以好心地決定捐錢給提供這項服務的公司或個人。

　　把帳單想像成你收到的支票，或是對寄給你帳單的公司表達感恩，想想看你從他們的服務中得到的好處——例如有電可用或有房子可住。你可以在付帳時，在帳單的正面寫下：「感謝你。已付清。」如果沒錢可以馬上付清帳單，就在帳單的正面寫下：「感謝你給我這筆錢。」吸引力法則不會質疑你想像且感覺到的是否為真，它只會回應你釋放出去的，就是這樣。

　　　　「你不是根據你的工作或時間來獲得酬賞，而是依據你愛的程度。」

　　　　　　　　　　　聖女加大利納（1347-1380）
　　　　　　　　　　　　天主教哲學家及聖師

　　拿到薪水時，要對它感恩，這樣它才會倍增！大多數人連別人付他們薪水時也不會感覺美好，因爲他們擔心是不是每個月都能持續拿到薪水──這些人錯失了每次拿到薪水時可以付出愛的美妙機會。當一些錢來到你手中時，無論金額有多小，都要感恩！記住，不管你感謝的是什麼，都會倍增！感恩是非常棒的倍增器！

把握每個玩內在遊戲的機會

　　要把握每個處理錢的時刻，透過使自己感覺美好，來讓金錢倍增。當你支付任何費用時，都要感受到愛！當你把錢交出去時，要感受到愛！你可以藉由想像你付的這筆錢對那家公司和裡面的所有員工有多大的幫助，來全心感受到愛。這會讓你對給出去的錢感覺美好，而不是因爲錢變少而有不好的感受。這兩者的差別在於，前者讓你很有錢，後者則讓你一輩子都要爲錢奔波。

　　這裡有個你可以玩的遊戲，如此一來，你會記得在每次處理錢的時候，要對它感覺美好。請想像一張一美元的鈔票，想像鈔票的正面代表「正向」，意味著有很多錢，背面則代表「負向」，意味著缺錢。每當你在處理錢時，要刻意讓鈔票的正面朝向你；鈔票放在皮夾時，也讓正面朝著你；而付

錢時，一定要確保鈔票的正面朝上。這樣做可以讓你把錢當作提示，用來提醒自己要對擁有很多錢感覺美好。

如果你使用的是信用卡，就把有你名字的信用卡正面朝向你，因為信用卡的正面告訴你錢很多，而且有你的名字在上頭！

支付任何費用時，當你交出信用卡或錢的時候，要想像收到你的錢的那個人會很富足，而且要真的這麼認為。因為你給出去的是什麼，就會收回什麼！

想像你現在已經很富有，想像你現在已經擁有你需要的所有金錢，這時你的生活會有什麼不同？想一想你會做的所有事情。你的感覺如何？你的感覺會不一樣，而因為你的感覺變了，所以你走路的樣子也會有所不同。你講話的方式不一樣了，你身體保持的姿勢和移動的方式不一樣了，你對每一件事的反應不同了，你對帳單的反應也不一樣了。你對生命中所有人事物的反應都會改變，因為你的**感覺**不同了！你會放鬆，心情平靜，覺得快樂；你會變得隨和，對每件事都感到輕鬆；你會享受每一天，而不是一直想著明天。那就是你想要抓住的感覺，那就是對金錢產生的愛的感覺，而且那份感覺帶著吸引力，充滿黏性！

「藉由想像並感受到你已經擁有自己渴望的事物，
來抓住那份與你想要實現的願望產生連結的感覺，
那麼你的願望將會自己顯化。」

納維爾，高達德（1905-1972）

新時代思想家

跟金錢說「是」

記住，當你聽到別人賺很多錢或很成功時，都要跟著感到興奮，因為那表示你處在相同的頻率上！那是你處於好頻率的證明，所以要覺得興奮，彷彿那件事發生在自己身上，因為你對那個消息的反應將決定一切。如果你的反應是替別人感到喜悅、興奮，你就是在為自己向更多金錢和成功說「是」；如果因為那件事並非發生在自己身上，所以你的反應是失望或嫉妒，那些不好的感受就是在替你向更多金錢和成功說「不」。如果你聽到有人贏得了樂透彩，或是聽到某家公司的獲利破了紀錄，要為他們感到興奮、快樂。事實上，你會聽到這種消息，代表你是處在同樣的頻率上，而如果你對那些人的成就感覺美好，就是在為自己說「是」！

幾年前，我的財務狀況掉到人生空前的谷底：我有幾張已經刷爆的信用卡、公寓抵押貸款金額已到上限，而因為正在製作《祕密》這部影片，所以我的公司負債了好幾百萬美元。我認為我的財務狀況糟透了。我需要錢來完成影片；我

了解吸引力法則，知道必須對金錢感覺美好，才能把錢帶來給我。但那不是件容易的事，因為我每天都得面對與日俱增的債務、打電話來請款的人，而且我不知道怎樣才能付薪水給我的員工。於是，我採取了極端行動。

我走到自動提款機前，從信用卡帳戶內領了好幾百美元。我其實很需要那筆錢來付帳單和買食物，但是我把錢放在手中，走到一條繁忙的街道上，然後把錢分送給街上的人。

我在手上放了一張五十美元的鈔票，然後走在路上時，我看著迎向我的每張臉，試著決定要把錢給誰；我想把錢分送給每一個人，但我能給的金額有限。我讓我的心做選擇，把錢分送給各式各樣的人。這是我生命中第一次感受到對金錢的愛，但是讓我感受到愛的不是錢本身，而是分送錢給人們這件事讓我對金錢產生了愛。那天是星期五，事後我帶著喜悅的淚水度過整個週末，因為我感受到分送錢是如此美好。

而在星期一下午，一件驚人的事情發生了：透過一連串最不可思議的事件，我的銀行戶頭裡竟然收到了兩萬五千美元。那筆錢真的像是從天上掉進了我的人生和我的帳戶裡。幾年前，我買了朋友公司的一些股票，而我忘了這件事，因為股價從來也沒漲過。但是那個星期一早上，我接到一通電話，問我是否要出售我的股份，因為股價突然高漲；而在星期一下午之前，出售持股的那些錢就在我的戶頭裡了。

　　我分送錢不是為了得到更多錢，而是為了感受到對金錢的愛，想改變自己一直以來對金錢那種不好的感覺。如果我是為了得到錢才送出錢，那是沒用的，因為那表示我的行動是出於「缺錢」的負面感受，而不是出於愛。但是如果你分送錢，而且在給出去時感覺到愛，那它肯定會回到你身上。有一位男士開了一張一百美元的支票，捐給一個他覺得很值得幫助的慈善單位；就在他開出支票後的十個小時內，他簽訂了他公司有史以來最大的一筆銷售訂單。

> 「重要的不是我們付出多少，而是我們在付出之中放進了多少愛。」
>
> 德蕾莎修女（1910-1997）
> 獲諾貝爾和平獎的傳教士

　　如果你正為錢掙扎，可以透過送出金錢豐足滿盈的思想給路上遇到的行人，來培養對錢的美好感受。看著他們的臉，想像你送給他們很多錢，想像他們的喜悅，並感覺到它，接著移到下一個人。這是一件很容易做到的事，但假如你真的可以感覺到，它將改變你對錢的感受，也會改變你這一生的財務狀況。

職業與事業

「沒有心的天才是無用之物——單靠傑出的理解力
或聰明才智，或是兩者兼備，無法成就一個天才。
愛！愛！愛！那才是天才的靈魂。」

尼古拉斯·約瑟夫·馮·杰奎恩（1727-1817）

荷蘭科學家

　　愛的吸引力推動了世上所有的錢，無論是誰，只要藉由
感覺美好來付出愛，就會成為吸引金錢的磁鐵。你不必透過
賺錢來證明自己，你現在就值得擁有你所需的金錢！你本該
為了工作帶來的喜悅而工作，你去工作是因為它能帶給你刺
激和興奮感，因為你喜愛那份工作！而當你愛你所做的事情
時，錢就跟著進來了！

　　如果你做目前的工作只是因為你認為那是唯一可以讓你賺
到錢的方法，其實你並不喜歡那份工作，那麼你永遠吸引不
到金錢或你喜愛的工作。你喜愛的工作此刻就存在了，而想
要將它帶來你身邊，你所要做的就是付出愛。去想像並感受
到現在已經擁有一份你喜愛的工作，你就會得到它；留意你
目前的工作中所有美好的事物，並且去愛那些事物，因為當
你給出愛時，你喜歡的一切會隨之而來，你喜愛的工作就會
走進你的生命中！

有一位失業男子去應徵一份他一直想要的工作。應徵了
之後，他製作了一封假想的錄取通知書，裡面寫明了他的薪
水和工作細節；他還設計了印有他名字及公司商標的名片，
並且帶著能為這家公司工作的感恩心情看著那張名片；而每
隔幾天，他會寫一封電子郵件給自己，恭喜他得到了那份工
作。

這位男士通過了電話訪談，進行到了面對十位內部人士的
面試階段。面試結束後兩個小時，公司打電話給他，說他得
到了那份工作。這位男士獲得他一直想要的工作，而且薪水
遠超過他在那份假想的錄取通知書上寫下的金額。

即使你現在不知道自己這輩子想做些什麼，你所要做的就
是透過美好的感覺來付出愛，那麼就能把自己所愛的每一樣
事物吸引過來。愛的感覺將帶領你走向自己的目標。你夢寐
以求的工作是在愛的頻率上，而想要得到那樣的工作，你只
要讓自己進入那個頻率就行了。

> 「成功並非通往快樂的鑰匙。快樂是打開成功之門
> 的鑰匙。」
>
> 史懷哲（1875-1965）
> 獲諾貝爾和平獎的醫療傳教士及哲學家

　　想要在事業上成功，方法也是一樣的。如果你有一份事業，但是它的發展不如你預期，那就代表你的事業在某方面不具「黏力」。而事業之所以變得沒有黏力，最大的原因就是你對於「不成功」這件事產生了不好的感覺。即使事業一直進行得很順利，但如果你在狀況稍微下滑時，以負面的感覺來回應，那麼你會為自己的事業帶來更大的衰退。所有能讓你的事業一飛沖天到你難以想像的高度的靈感和點子，都在愛的頻率上，所以你必須想辦法對自己的事業產生美好的感覺，盡量讓自己進入最高的頻率。

　　想像、玩樂、創造各種內在遊戲，並且去做任何可以提振心情、讓你感覺美好的事。當你提升自己的感受時，也同時提升了自己的事業。在人生的各個領域中，每天都要去愛你

看到的每樣事物、去愛周遭的一切，還要把其他公司的成功當作自己的成功一樣去愛。如果你對「成功」眞的有美好的感覺——無論那是誰的——你就把成功黏在自己身上了！

在事業或你從事的任何一份工作或勞動中，要確保你**付出**的價值等同於你從獲利或薪水中**得到**的金錢。如果你付出的價值少於你得到的錢，你的事業或工作注定會失敗。你就是不能占任何人的便宜、拿走任何人的東西，因爲到頭來，你占的是自己的便宜。你付出的價值和你接收到的要永遠對等，而要確保做到這一點，唯一的方法就是付出比你得到的金錢**更多**的價值，如此一來，你的事業和職業生涯將會一飛沖天。

愛有無數種方式讓你獲得想要的一切

金錢只是讓你去體驗人生中你喜愛的事物的一個工具而已。當你想著用錢可以做到的事所感受到的愛與喜悅，會比只想著錢還要多。去想像你正和自己喜愛的事物在一起、你正在做你想做的事、你已經擁有你喜愛的一切，因爲如此一來，你將會比只想著金錢感受到更多的愛。

　　愛的吸引力有無數種方式讓你獲得你想要的一切，其中只有一種跟錢有關。不要誤以為金錢是你達成某個目標的唯一方法，那是限制性的思想，而你將因此局限了自己的人生！

　　我的妹妹就透過一連串驚險的事件，吸引到一部新車。在開車上班途中，她的車子被暴洪困在水中動彈不得。在緊急救難人員的堅持下，即使水位並未到達危險高度，她還是被帶到沒水的乾燥陸地上。這期間她一直都在笑，而她被救援的過程甚至成了晚間新聞。我妹妹的車被惡水損壞，無法修復，而在兩個星期內，她拿到一張巨額的理賠支票，於是就用這筆錢買了她夢想中的車。

　　這個故事最棒的部分是，我妹妹那時正在裝修房子，所以沒有多餘的錢買新車，她甚至不敢想像自己能有一部新的車。而她會吸引到一部漂亮的新車是因為，當她聽到我們另一個兄弟買了新車時，她開心到掉眼淚。我的妹妹是如此快樂，而且對我們的兄弟買了新車這件事付出許多愛，所以吸引力法則推動了每一個元素、狀況及事件，也送了一部新車給她。那就是愛的力量！

　　你要等到真正獲得自己想要的事物時，才會知道最後是如何得到的，但是愛的力量一直都知道。所以不要擋自己的路，而且要有信心。只要想像自己想要的，感受到你內在的快樂，愛的吸引力就會為你找出一個完美的方式，讓你接

收到自己想要的事物。人類的心智能力有限，但愛的智慧是無限的，它的方式超越我們所能理解的範圍，所以不要自我設限，認為你想要的東西只能透過金錢這個方式得到。不要將金錢設為你唯一的目標，你的目標應該是你想成為的人、想做的事或想擁有的事物。如果你想要一棟新房子，那就去想像並感覺到住在裡面的喜悅；如果你想要漂亮的衣服、用具或車子，如果你想上大學、搬到另一個國家、接受音樂訓練、演戲或從事某項運動——那就去想像它！然後這些事物全部會以無數的方式來到你身邊。

愛的規則

有一條跟金錢有關的規則：你永遠不可以將金錢放在愛的前面；如果這麼做，就違反了愛的吸引力法則，而你將承擔其後果。愛必須成為你生命中的主導力量，沒有其他事物可以凌駕愛。金錢是你可以使用的工具，而你是透過愛把金錢帶來的；但如果在你的生命中，你重視金錢甚於愛，將會接收到一大堆負面事物。你不能一邊對金錢付出愛，一邊又粗魯無禮地對待別人，因為如果你那樣做，就敞開了大門，讓負面性進入你的人際關係、健康、快樂和財務狀況中。

「如果想要獲得愛，請試著了解，唯一可以得到愛的
方法，就是付出愛；付出得愈多，就能得到愈多；
而要給出愛的唯一方法，就是讓自己充滿愛，直到
你成爲愛的磁鐵。」

查爾斯・哈尼爾（1866-1949）

新時代思想家

　　你本來就注定擁有活出豐富人生所需的金錢，而不該受財
務匱乏之苦，因爲受苦會增加這個世界的負面性。生命的美
妙之處在於，當你把愛放在第一位，讓你活出豐富人生所需
的金錢就會來到你身邊。

力量摘要

- 愛的吸引力推動了世上所有的錢，無論是誰，只要藉由感覺美好來付出愛，就會成為吸引金錢的磁鐵。

- 你可以分辨出你對錢的感受如何，因為如果你沒有自己所需的錢，那你對金錢就不會有好的感覺。

- 愛是帶來金錢的吸引力，也是讓金錢留住的力量！

- 當你支付帳單時，要找個方法——任何方法——讓自己感覺美好。把帳單想像成你收到的支票，或是對寄給你帳單的公司表達感恩。

- 當一些錢來到你手中時，無論金額有多小，都要感恩！記住，感恩是非常棒的倍增器！

- 當你支付任何費用時，都要感受到愛，而不是因為錢變少而有不好的感覺。這兩者的差別在於，前者讓你很有錢，後者則讓你一輩子都要為錢奔波。

- 使用實際的錢當作提示，用來提醒自己要對擁有很多錢感覺美好。想像鈔票的正面代表「正向」，意味著有很多錢；而每當你在處理錢時，要刻意讓鈔票的正面朝向你。

- 如果你對「成功」真的有美好的感覺——無論那是誰的——你就把成功黏在自己身上了！

- 你付出的價值要等同於你從獲利或薪水中得到的金錢；如果你付出的價值比你得到的金錢更多，你的事業和職業生涯將會一飛沖天。

- 錢只是讓你去體驗人生中你喜愛的事物的一個工具而已。愛的吸引力有無數種方式讓你獲得你想要的一切，其中只有一種跟錢有關。

- 想像你正和自己喜愛的事物在一起、你正在做你想做的事、你已經擁有你喜愛的一切，因為如此一來，你將會比只想著金錢感受到更多的愛。

- 生命的美妙之處在於，當你把愛放在第一位，讓你活出豐富人生所需的金錢就會來到你身邊。

力量與關係

「即使是短暫的接觸，也要對每個人付出你所有的
關懷、仁慈、理解和愛，別計較任何回報。從此以
後，你的人生將有所不同。」

奧格・曼迪諾（1923-1996）
作家

「付出愛」適用於你生命中的每一件事，也是「人際關
係」這個領域的重要法則。愛的力量不會管你是否認識某
人，也不管那個人是朋友或敵人、是你愛的人或完全陌生；
愛的力量不會在乎你面對的是同事、上司、父母、孩子、學
生或店員。面對你所接觸的每一個人，你不是在付出愛，不
然就是沒有付出，而你付出什麼，就會接收到什麼。

人際關係是你付出愛的最大管道，所以，藉由在各種關係
中付出愛，就能改變你整個人生。然而，關係同時也可以是
你最大的致命傷，因為它們常常是你不付出愛的最大藉口！

你給別人的，都會回到你身上

　　歷史上的開悟者都告訴我們要愛別人，而你被教導要去愛別人，不是因為這麼做你就會成為好人。事實上，這是生命的祕密！你學到的正是吸引力法則！當你愛別人時，**你將擁有精采的人生**；當你愛別人時，**你**將獲得你值得擁有的人生。

> 「因為全律法都包在『愛人如己』這一句話之內了。」
>
> 聖保羅（約5-67）
> 基督教使徒，《聖經》加拉太書第五章第十四節

　　透過仁慈、鼓勵、支持、感恩或任何美好的感覺來付出愛給別人，然後這份愛將回到你身上，而且會倍增，為你生命的其他層面帶來愛，包括健康、金錢、快樂和職業生涯。

　　透過批評、憤怒、不耐煩或任何不好的感受對他人釋出負面性，那個負面性肯定會回到你身上！而當負面性回來時，它會倍增，吸引更多負面事物，影響你接下來的人生。

與對方無關

　　你可以藉由人際關係狀態，立刻判斷出你一直在釋放的是什麼。如果目前的關係很美好，代表你付出的愛與感恩多於負面性；假如目前的關係出現困難或不順遂，表示你在無意中釋放出的負面性多於愛。

　　有些人認為一段關係的好壞都是對方造成的，然而人生不是那麼一回事。你不能對愛的力量說：「只有在對方向我付出愛時，我才要付出愛！」除非先給予，否則你什麼也得不到！你付出什麼，就會得到什麼，所以跟對方一點關係也沒有──跟你自己才有關！關鍵完全在於你給出什麼，以及你感覺到什麼。

　　你可以藉由在那個人身上找出你喜愛、欣賞和感謝的地方，來馬上改變任何一段關係。當你更常刻意去尋找自己喜愛的事物，而不是去注意負面事物時，奇蹟就發生了。你會覺得對方身上彷彿發生了不可思議的事，但不可思議的其實是愛的力量，因為它消融了負面性，包括人際關係中的負面事物。你所要做的就是透過在對方身上尋找你喜愛的地方，來駕馭愛的力量，然後，那段關係中的一切都會改變！

　　我知道有許多段關係都是透過愛的力量修復的，但是在這裡我要分享一個特別的故事，是關於某位女士利用愛的力量拯救了她原本搖搖欲墜的婚姻。這位女士對她的丈夫已經完全失去了愛；事實上，她無法忍受靠近他。她的丈夫每天都在抱怨、長期生病、憂鬱、憤怒，而且對她和他們的四個孩子有言語上的虐待。

　　當這位女士學到付出愛所能產生的力量時，儘管婚姻有問題，她還是立刻決定要快樂起來。結果，他們家的氣氛馬上變得更輕鬆了，而她和孩子們的關係也變得更好。接著，她去翻閱相簿，看著他們剛結婚時丈夫的照片。她拿了其中幾張，把它們擺在桌上每天看，結果，令人驚奇的事情發生了。她感受到一開始對她丈夫所擁有的那份愛，而當她覺得愛回來了的時候，她心裡的愛的感覺開始大幅度增加，到達一種從未有過的程度——她之前從來沒有如此愛過自己的丈夫。她的愛強烈到她丈夫的憂鬱和憤怒都消失了，而且開始恢復健康。這位女士從本來希望盡可能遠離自己的丈夫，轉變成兩人都想要盡量陪在彼此身旁。

愛代表自由

　　現在要來談談在人際關係中付出愛時，很微妙的部分——
這也是讓許多人無法獲得他們值得擁有的生活的原因之一。
會覺得微妙、難處理，只是因為人們誤解了「給別人愛」
的意思；而要弄清楚，首先要了解什麼叫作「**不是**在付出
愛」。

　　試圖改變他人，**不是**在付出愛！認為你知道什麼對別人最
好，**不是**在付出愛！認為自己是對的而別人是錯的，**不是**在
付出愛！批評、責備、抱怨、嘮叨或挑剔他人，**不是**在付出
愛！

　　「於此世界中，從非怨止怨，唯以忍止怨；此古聖
　　常法。」

　　　　　　　　　　　　　　　　　　佛陀（西元前563-483）

　　　　　　　　　　　　　　　　　　　佛教創始人

　　這裡要分享一則我收到的故事，故事中指出了我們在關
係裡一定要注意的地方。有位男士的妻子離開了他，而且
把他們的孩子都帶走。這位男士一蹶不振，他怪罪他的妻
子，而且拒絕接受她的決定。他持續跟她連絡，決心嘗試各

種方式，來改變她的心意。也許他認爲這麼做是出於對妻子和家人的愛，但他的行爲並不是愛。他責怪妻子結束他們的婚姻，認爲她是錯的，自己才是對的；他拒絕接受妻子爲她自己所做的選擇。由於他不停地騷擾他的妻子，所以被逮補了，而且關進監牢裡。

這位男士最後了解到，當他否決了他太太選擇**她**想要什麼的自由時，並不是在付出愛，結果，他失去了**他的**自由。吸引力法則就是愛的法則，你不能違反它；如果違反的話，你就毀了自己。

我分享這個故事的理由是，要結束一段親密關係，對很多人來說是很困難的。你不能否定別人選擇他們想要什麼的權利，因爲那不是在付出愛。雖然在你覺得心碎時，還要尊重每個人選擇的自由和權利，簡直像要吞下一顆很苦的藥丸，但你必須這樣做。你給別人什麼，就會接收到什麼，所以當你否定他人選擇的自由時，就會吸引那些會否定你自身自由的負面事物。也許是你的收入減少了、健康出了狀況，或是工作績效衰退，因爲這些事情都會影響你的自由。對吸引力法則而言，沒有「別人」這回事，不管你給出去的是什麼，都會回到你身上。

對別人付出愛，不代表你允許他們以任何形式踐踏你或傷害你，因爲那也不是在付出愛；而允許別人利用你，不是在

幫助那個人,當然對你自己也沒有任何幫助。愛是困難的,我們透過愛的法則學習、成長,而在這學習過程中,我們會經歷許多後果。所以,允許他人利用或傷害你並不是愛,真正的答案是,要盡可能讓自己處在美好感覺的最高頻率上,這麼一來,愛的力量會為你解決任何狀況。

「每當有人侵犯我,我會努力提升自己的靈魂,讓這個侵犯影響不了我。」

笛卡兒(1596-1650)
數學家及哲學家

關係的祕密

生命將各種事物呈現在你面前,讓你可以選擇自己喜愛的。而生命給你的禮物其中一部分是,你會遇到各式各樣的人,因此你可以在那些人身上選擇你喜愛的地方,然後避開你不喜歡的部分。你不用刻意對不喜歡的人身上的特質產生愛的感覺,只要轉身離開,不要對它們有任何感覺就行了。

遠離他人身上你不喜歡的一面,代表你輕鬆以對,而且很清楚生命給了你選擇權。你不必和他們爭論誰對誰錯,或是去批評、責備他們,或者認為你才是對的,而想要改變他

們。因為如果你做了這些事，就不是在付出愛——確實就是
這樣！

「仁慈的人善待自己；殘忍的人擾害己身。」

所羅門王 （約西元前10世紀）
《聖經》中的以色列王，箴言第十一章第十七節

當你在愛的感覺頻率上時，只有那些跟你處於同一頻率的
人才能進入你的生命。

你知道有些日子你會感到非常快樂，有些日子則覺得惱
怒，有些日子又會覺得難過。你可以是許多不同版本的自
己，而跟你有關係的人也可以有許多不同的面貌，包括快
樂、惱怒或悲傷。無庸置疑地，你會見到他們以不同的版本
出現，但每一種版本都是那個人。當你快樂時，只有他人的
快樂版本才能進入你的生命中，但是**你必須先快樂起來**，才
能接收到其他人的快樂版本！

不過這並不表示你要為別人的快樂負責，因為每個人都要
負責自己的人生和快樂。上一段內容的意思是，你所能做的
除了讓自己快樂起來之外，沒有別的了，剩下的，就交給吸
引力法則去處理。

「快樂取決於我們自己。」

亞里斯多德（西元前384-322）

希臘哲學家及科學家

個人情緒教練

　　要在衝突或棘手的人際關係中，把那根刺拔掉，其中一種方式是把那些人想像成你的「個人情緒教練」（PETs，Personal Emotional Trainers）！愛的力量爲你準備了許多個人情緒教練，他們僞裝成一般人，全都是爲了訓練你去選擇愛！

　　有些人可能是溫和的個人情緒教練，因爲他們不會太逼迫你，所以你很容易就喜歡他們；有些人或許是嚴格的個人情緒教練，因爲他們把你逼到極限，就像某些個人體能教練一樣。不過，他們可以讓你更堅決，無論如何都要選擇愛。

　　個人情緒教練會利用各種狀況和策略來挑戰你，但請記住一件事：每個呈現在你面前的挑戰，都是爲了讓你可以選擇去愛，並且遠離負面性和責備。有些教練也許會刺激你去評判他們或其他人，但是不要上當，因爲評判是負面的，那並不是在付出愛。所以，如果你無法喜愛某人或某事當中的美好，就轉身離開。

　　有些教練也許會藉由招惹你，讓你想復仇、生氣或怨恨來測試你。這時，你可以透過在生活中尋找你喜愛的事物，來遠離他們。有些教練甚至會用罪惡感、無價值感或恐懼來打擊你，這時也不要上當，因為任何一種負面性都不是愛。

> 「恨使生活癱瘓無力，愛使它重獲新生。
> 恨使生活混亂不堪，愛使它變得和諧。
> 恨使人生漆黑一團，愛使它光彩奪目。」

　　　　馬丁・路德・金恩博士 (1929-1968)
　　　　　　　　　　　　　　浸信會牧師及人權領袖

　　如果你把生命中遇到的人想像成你的個人情緒教練，在處理棘手的人際關係時會有很大的幫助。嚴格的教練能使你更堅決，無論如何都決定要選擇愛。但他們也給了你一個訊息：他們正在告訴你，你讓自己掉到負面的感覺頻率上了，而你必須感覺好一點，才能脫離！除非你已經處於同樣的負面感覺頻率中，否則沒有人能進入你的生命，並帶來負面影響。假如你是在愛的感覺頻率上，別人有多嚴格、多負面都不重要，因為他們不會、也無法影響你！

　　每個人都只是在做自己的工作，就像你也只是在做自己的分內事，成為其他人的個人情緒教練而已。沒有敵人，

只有一些很棒的個人情緒教練，以及一些嚴格的個人情緒教練──他們讓你變得非常棒。

吸引力法則的黏力

吸引力法則是有黏力的。當你為別人的好運開心時，他們的好運會「黏」著你！當你欽佩或欣賞他人的任何一項特質時，你正把那些特質「黏」在自己身上；反之，當你想著或討論跟某人有關的負面事情時，你也是在把那些負面的事情「黏」在自己身上，而且把它們放進你的生命中。

吸引力法則會回應**你的**感覺。你給出去什麼，就會得到什麼，因此如果你為生命中的任何人事物貼上標籤，其實是在把標籤貼在自己身上，那就是你會接收到的。

這是個很好的消息，因為這表示你可以藉由在他人身上尋找你喜愛的事物，並全心全意對它們說「是」，來將你喜歡和想要的一切黏在自己身上！這個世界就是你的型錄，而當你了解你的愛所具備的力量時，在他人身上留意你喜愛的事物就成了一份全職工作，不過，這是改變你整個人生最容易也最棒的一種方式。它能戰勝掙扎和痛苦，而你所要做的，

就是注意他人身上讓你喜愛的地方，並遠離你不喜歡的部
分，這樣你就不會對它們產生任何感覺。是不是很容易？

> 「第一步，保有良好的思想，第二步，傳講良善的
> 話語，第三步，行出美好的事蹟，我就進入了天
> 堂。」

　　　　　　阿爾塔‧維拉夫書 (約西元6世紀)
　　　　　　　　　　　　　　祆教經典

八卦也有黏性

　　八卦表面上看似無傷大雅，但它會在人們的生活中引起許
多負面的事情。談論八卦時，沒有在付出愛，而是釋出負面
性，那正是你之後會接收到的。被說閒話的人並不會受到傷
害，會受傷害的是那些聊八卦的人！

　　當你和家人或朋友聊天時，他們告訴你關於某人說過或做
過的負面事情，他們就是在八卦，而且正在釋放負面性。而
當你聽他們說人是非時，你也正在釋出負面性，因為你是一
個有感覺的存在體，所以聽到負面的事情時，你的感覺一定
會迅速低落。當你和同事邊吃午餐邊聊天，而你們兩個都在

講某人的閒話時，那就是在八卦，而且你正在釋出負面性。當你談論或聽到負面的事情時，不可能會有美好的感覺！

所以坦白說，我們必須小心不要插手去管別人的閒事，不然他們的事會變成我們的事！除非你想要有那樣的經驗，不然就遠離八卦，不要有任何感覺。這樣你不僅幫了自己，也幫助了那些不知道八卦會為他們的人生帶來這麼大負面影響的人。

如果你發現自己正在道人長短，或是聽別人聊八卦，可中斷對話，然後說「但是我很感謝……」，接著以被人說閒話的那個人身上某項美好的特質，來填完這個句子。

「若以染污意，或語或行業，是則苦隨彼，如輪隨獸足。若以清淨意，或語或行業，是則樂隨彼，如影不離形。」

佛陀（西元前563-483）
佛教創始人

你的回應就做出了選擇

生命將各種人事物呈現在你面前，讓你選擇你喜愛什麼、不喜愛什麼。當你對任何事物做出反應時，你是用你的感覺在反應，而當你這樣做時，你就選擇了那樣事物！你的反應無論是好是壞，都會把那樣事物黏在你身上——事實上，你是在說：「我還要更多類似的東西！」所以重要的是，要留意你在人際關係中的反應，因為無論你反應的感覺是好是壞，它們就是你給出去的感覺，而你將會接收到更多讓你產生類似感受的事件。

如果有人說了或做了某件事，然後你發現自己感到心煩意亂、被冒犯或生氣，請盡可能立刻改變那個負面反應。光是察覺負面反應，就能馬上除去負面感覺的力量，甚至可以停止它們。但如果你覺得負面感覺似乎緊抓著你，最好先離開一下，並且花幾分鐘去尋找你喜愛的事物，找到一個之後，再找下一個，直到你覺得好多了為止。你可以利用你喜愛的任何事物來讓自己感覺好一點，例如聽你最喜歡的音樂、想像你喜歡的事物，或是做你喜歡的事。你也可以想一想那個讓你心煩意亂的人身上有什麼你喜歡的地方。這或許很難，但如果你做得到，它是讓你感覺變好最快的方式，也是使你得以控制自己的感覺的捷徑！

「一個能控制自己的人，可以終止憂傷，就像他可
以創造出愉悅一樣。我不想任憑自己的情緒處置，
我想使用、享受及掌控它們。」

王爾德（1854-1900）
作家及詩人

　　你可以改變你人生中的任何負面情境，但這無法透過不
好的感受做到。你必須對負面情境採取不同的反應，因為如
果你的反應一直是負面的，不好的感受會讓負面性擴大並加
倍；而當你給出美好的感覺時，正面性會擴大且倍增。就算
你無法想像某個特定情境怎麼可能轉變成正面的狀況也沒關
係——反正它就是可以！愛的力量總能找到方法。

愛是盾牌

　　如果要除去他人負面性的力量，且不受其影響，那就要記
得每個人周圍都有個感覺磁場。有愛、喜悅、快樂、感恩、
興奮、熱情，以及各種美好感覺的磁場，也有憤怒、沮喪、
挫折、憎恨、復仇欲望、恐懼，以及各種負面感覺的磁場。

　　被憤怒磁場包圍的人根本無法產生美好的感覺，所以如果你出現在他們面前，他們很可能會把氣出在你身上。那些人並非有意傷害你，只是當他們透過憤怒的磁場看這個世界時，看不到任何美好的事物，只能看見那些讓他們生氣的事。而因為那些人只看得見憤怒，所以他們很可能會生氣，並且把怒氣發洩在他們看到的第一個人身上——通常是他們所愛的人。這種情況聽起來是不是很熟悉？

　　當你感覺很好時，你磁場的力量會創造出一面盾牌，沒有任何負面性可以穿透。因此，不管任何人對你釋出什麼負面能量都沒關係，它都觸碰不到你；它會被你的感覺場彈開，對你不會造成任何影響。

　　另一方面，假如有人對你大聲咆哮，而且你受到他們說的話影響，那你就知道自己的感覺一定往下沉了，因為負面性穿透了你的感覺場。發生這種狀況時，你唯一能做的就是找個藉口、禮貌地先行離開，這樣你才能讓自己重新恢復美好的感覺。當兩個負面場域彼此接觸時，其威力會瞬間倍增，從中不可能產生任何美好的事物。你會由自己的人生經驗中得知這個道理：兩個負面場域碰在一起，不是什麼美好的景象！

　　「濁以靜之徐清。」

　　　　　　　　　　　　　老子（約西元前6世紀）
　　　　　　　　　　　　　　道教創始人

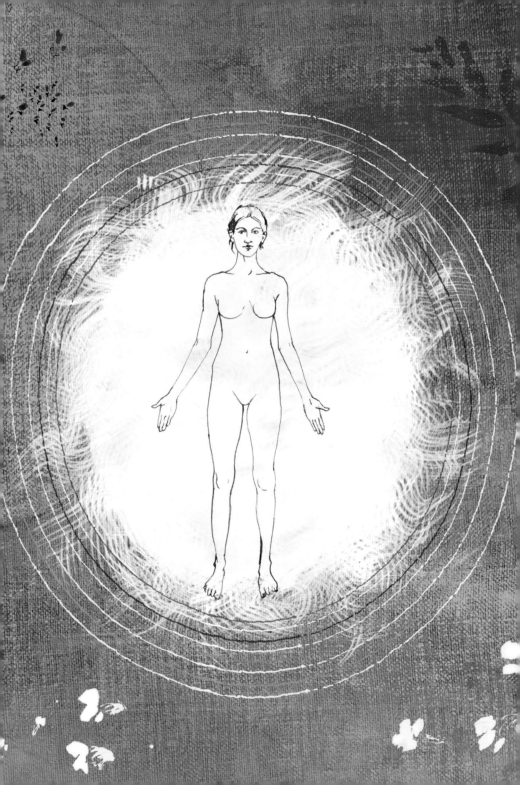

如果你產生了悲傷、失望、沮喪或任何負面感覺，你就是在透過那個感覺場去看世界，那麼這個世界在你看來就會是悲傷、失望、沮喪的。你無法透過一個壞感覺的場域看見任何美好的事物。不只是你的負面場域會吸引更多負面性，而且在改變自己的感受之前，你絕對找不到任何問題的解決之道。所以，相較於想方設法、試圖改變外在世界的環境，改變自己的感受反而比較容易。世上所有的實際行動都無法改變狀況；其實只要改變感受，外在環境就會跟著改變！

> 「這股力量來自你的內在，然而，如果不把這力量給出去，就無法得到它。」

查爾斯・哈尼爾 (1866-1949)
新時代思想家

當某人被喜悅的磁場包圍時，你可以感受到他的喜悅穿越整個房間觸動了你。有些人廣受歡迎且個性極具吸引力，其實是因為他們大多數時候都感覺良好。圍繞著他們的喜悅場的吸引力如此之大，把所有人事物都吸到他們身邊了。

你愈是付出愛且感覺美好，你磁場的吸引力就會愈來愈強，範圍也愈來愈大，把你喜愛的所有人事物都吸引到你身邊！想像一下那種景象吧！

愛是連結一切的力量

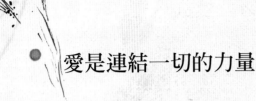

> 「天下之人皆相愛，強不執弱，眾不劫寡，富不侮
> 貧，貴不敖賤，詐不欺愚。」

墨子（約西元前470-391）
中國哲學家

你每天都有機會透過美好的感受付出愛給別人。當你覺得
快樂時，肯定會釋出正面性和愛給你接觸到的任何人；而當
你付出愛給他人時，愛就會回到你身上，而且是以遠比你所
能理解更棒的方式回來。

當你對其他人付出愛時，如果你的愛對他們產生的影響很
正面，以至於他們也付出愛給其他人，那麼無論有多少人受
到正面影響、無論你的愛傳到多遠的地方，那份愛**全部**都會
回到**你**身上。你不只會收到你給最初那個人的愛，還會收到
來自每一個受到影響的人的愛！而愛會化為各種正面的人事
物，回到你身上。

另一方面，如果你對別人的影響太**負面**，導致他繼續對另
一個人產生負面影響，那麼負面性將全部回到你身上。它會

化爲影響金錢、你的職業、你的健康或你的人際關係的負面
狀況，讓你接收到。無論你給別人什麼，都會回到你身上。

「如果外在事件使你苦惱，造成痛苦的並非事件本
身，而是你對事件的看法；你隨時有力量可以終止
這個看法。」

馬可‧奧里略 (121-180)

羅馬皇帝

　　當你覺得充滿熱忱、快樂和雀躍時，那些美好的感覺會感染與你接觸的每一個人。即使你只是在一家商店、公車上或電梯裡和某人短暫邂逅，當你的美好感覺讓你接觸到的任何人有所不同時，那個狀況都會對**你的**人生產生難以想像的影響。

　　「要記住，沒有所謂的小善行，每個行為都會創造出無止盡的連漪。」

　　　　　　史考特‧亞當斯（生於1957年）
　　　　　　　　　　　　　　　　漫畫家

　　愛是每段關係的解決之道和答案，你永遠無法藉由負面性來改善關係。把「創造過程」運用在你的人際關係上，藉由付出愛來獲得愛。把「力量之鑰」運用在你的人際關係上，留意你喜愛的事物，列出你喜愛的事物，談論你喜愛的事物，然後要遠離你不喜歡的。想像擁有完美的人際關係，盡可能想像到最高境界，並且全心地感受到已經擁有那樣的關係。如果你發現很難對某段關係產生美好的感覺，那就去愛你周遭其他每一件事，別再去注意那段關係中的負面事物！

　　愛能為你做任何事！而你所要做的，就是藉由感覺美好來付出愛，那麼你關係裡的任何負面性都會逐漸消失。每當你

在人際關係中遇到負面狀況時，解決之道都是愛！你不會、也永遠不可能知道它將**如何**被解決，但只要你持續感覺美好並付出愛，事情就是會解決。

　　這個來自老子、佛陀、耶穌、穆罕默德及每一位偉人的訊息是如此響亮、清晰——去愛吧！

力量摘要

- 面對你所接觸的每一個人，你不是在付出愛，不然就是沒有，而你付出什麼，就會接收到什麼。

- 透過仁慈、鼓勵、支持、感恩或任何美好的感覺來付出愛給別人，然後這份愛將回到你身上，在你生命的每個層面倍增。

- 在一段關係中尋找自己喜愛的事物，而不是去注意負面事物，那麼你會覺得對方身上彷彿發生了不可思議的事。

- 試圖改變他人、認為你知道什麼對別人最好、認為自己是對的而別人是錯的，都不是在付出愛！

- 批評、責備、抱怨、嘮叨或挑剔他人，都不是在付出愛！

- 你必須先快樂起來，才能接收到其他人的快樂版本！

- 愛的力量為你準備了許多個人情緒教練，他們偽裝成一般人，全都是為了訓練你去選擇愛！

- 你可以藉由在他人身上尋找你喜歡的地方，並全心全意對那些特質說「是」，來將你喜歡和想要的一切黏在自己身上！

- 當你談論或聽到負面的事情時，不可能會有美好的感覺！

- 生命將各種人事物呈現在你面前，讓你選擇你喜愛什麼、不喜愛什麼。當你對任何事物做出反應時，你是用你的感覺在反應，而當你這樣做時，你就選擇了那樣事物！

- 你無法透過不好的感受改變你人生中某個負面情境；如果你的反應一直是負面的，不好的感受會讓負面性擴大並加倍。

- 當你感覺很好時，你磁場的力量會創造出一面盾牌，沒有任何負面性可以穿透。

- 相較於設法、試圖改變外在世界的環境，改變自己的感受反而比較容易。只要改變感受，外在環境就會跟著改變！

- 你愈是付出愛且感覺美好，你磁場的吸引力就會愈來愈強，範圍也愈來愈大，把你喜愛的所有人事物都吸引到你身邊！

力量與健康

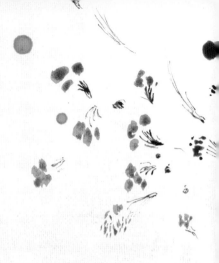

「我們內在的自然力量，才是疾病真正的治療
者。」

希波克拉底斯（約西元前460-370）

西方醫學之父

健康指的是什麼？你也許以為健康表示你沒有生病，但健
康的意義遠不只這樣。如果你覺得還好、普通或沒什麼特別
的，你並不健康。

健康意味著和小孩有同樣的感受。小孩子每天都活力充
沛，他們的身體感覺起來輕盈且有彈性，移動時毫不費力；
他們腳步輕快、心智清澈，快樂且沒有煩惱和壓力；他們每
晚都睡得很沉、很安穩，而且隔天醒來非常有精神，似乎脫
胎換骨；他們對每個新的一天都覺得充滿熱情和興奮——看
看小孩子吧，你會知道健康真正的意義。你過去曾有過這樣
的感受，而你現在**仍然**應該有！

你大部分時間都可以有如此感受，因爲透過愛的力量，你可以持續享有無限的健康！絕對不會有任何時刻有東西從你身上消失，你想要的都是你的，包括無限的健康，但你必須敞開心扉來接收它！

你相信的是什麼？

> 「因爲他心怎樣思量，他爲人就是怎樣。」
>
> **所羅門王**（約西元前10世紀）
> 《聖經》中的以色列王，箴言第二十三章第七節

　　這是有史以來最偉大的智慧話語之一，不過，「因爲他心怎樣思量，他爲人就是怎樣」是什麼意思？

　　你心裡想的就是你認爲眞實的事。所謂信念，就是重複的念頭加上強烈的感覺，例如「我很容易感冒」「我的胃很敏感」「我覺得減肥很難」「我對那個過敏」「咖啡讓我保持清醒」，這些全是信念，而非事實。信念就是你在做決定時已經有定論了，你關上門、釘死，然後把鑰匙丟掉，沒有協商的空間。然而，無論你的信念對你是好是壞，你相信並覺

得真實的事物，對你而言**就會**變成真的。因為吸引力法則是
這麼說的：不管你釋放出去的信念是什麼，都一定會回到你
身上。

許多人對疾病抱持的恐懼信念多於他們對健康擁有的美好
信念。這並不讓人意外，因為這個世界的焦點都集中在疾病
上，而且你每天都被那些訊息包圍。由於人們愈來愈害怕疾
病，所以儘管醫學如此發達，疾病還是持續增加。

你對健康的美好感覺多於你對疾病的負面感受嗎？你比較
相信人一輩子都可以很健康，而不是疾病無法避免嗎？如果
你相信你的身體狀況會隨著年紀衰退，而且疾病是無法避免
的，你就是在釋放那個信念，然後吸引力法則一定會讓那樣
的健康和身體狀況回到你身上。

> 「因我所恐懼的臨到我身，我所懼怕的迎我而
> 來。」
>
> 《聖經》約伯記第三章第二十五節

醫學上的「安慰劑效應」就證明了信念的力量。他們讓
一組病人接受真正的藥物或治療，另一組得到的則是安慰

劑──可能是糖錠或假的治療方式──不過兩組人都沒有被告知何者才有治療他們的症狀或疾病的功效。然而，獲得安慰劑的那組通常會覺得健康狀況有重大改善，症狀減輕或消失了。安慰劑效應的驚人結果通常顯示了信念對我們的身體所產生的力量。你透過信念或強烈的感覺持續**給予**身體的東西，之後一定會在你的身體上**顯現**出來。

你的每個感覺都會滲入你全身每一個細胞和器官裡。當你有美好的感覺時，你就在付出愛，然後你會以驚人的速度透過你的身體接收到健康的完全力量；而當你產生不好的感覺時，緊張的狀況會讓你的神經和細胞收縮、體內重要化學物質的生產發生變化、血管收縮、呼吸變淺，這些全都會減少你的器官和整個身體裡的健康力量。所謂疾病，只是因為緊張、焦慮和恐懼等負面感覺，而使得身體長期處於無法放鬆的狀態所造成的結果。

「你的情緒會影響你體內每一個細胞。心智和身體、心理層面和身體層面，是互相影響的。」

湯瑪士・塔特科（生於1931年）
運動心理學家及作家

你身體裡的世界

　　你的體內有一整個世界！想要了解你對自己的身體所擁有的力量，你必須知道這個體內世界，因爲它全聽命於你！

　　你身體裡面的每個細胞都有它扮演的角色，而它們都爲了讓你的生命持續下去這個唯一的目標，而彼此合作。有些細胞是特定區域或器官的領導者，負責管理和指揮自己區域內——例如心臟、大腦、肝臟、腎臟及肺臟——所有的工作細胞。某個器官的領導細胞會指揮和管理其他細胞在該器官工作，以確保秩序及和諧，讓器官完美運作；巡邏細胞則在你體內長達九萬六千公里的血管裡四處遊走，以維持秩序及和平。當有皮膚擦傷之類的干擾發生時，巡邏細胞會馬上發出警訊，然後適當的修復隊伍會立刻趕到那個區域。以擦傷來說，首先趕到現場的是血液凝固小組，它們會開始運作，以阻斷血流；而在它們的工作完成之後，組織和皮膚小組就進入該區域，進行修補組織和癒合皮膚等修復工作。

　　如果有入侵者進入你的身體，例如細菌感染或病毒等，記憶細胞會立刻採集入侵者的痕跡，然後比對自己的紀錄，看看是否吻合先前的入侵者。如果找到符合的資料，記憶細胞會馬上通知相關的攻擊小組去消滅入侵者；如果比對不到，記憶細胞就會爲這個入侵者建立新檔案，而**所有的**攻擊小組都會被召集到那個區域去消滅入侵者。接著，記憶細胞會在

它們的檔案中記錄是哪個攻擊小組成功消滅入侵者的，這樣假如這個入侵者又來了，記憶細胞就能知道對手是誰，以及如何應付。

　　如果你體內的某個細胞因為某種原因改變了行為，不再正常運作時，巡邏細胞會向救援小組發出信號，要它們馬上來修補那個細胞。如果細胞需要特定的化學物質才能修復，在你體內的天然藥局就找得到。你身體裡面有一個完整的藥局在運作，它可以製造藥廠所能生產的每一種有療效的化學藥品。

　　所有的細胞必須以團隊方式運作，終其一生每天二十四小時、一星期七天群策群力，唯一的目標就是維持你的生命和身體健康。你的身體大約有一百兆個細胞。它們不停地工作，就是為了讓你活下去！這一百兆個細胞全都聽命於你，而你是用思想、感覺和信念來命令和指揮它們。

　　無論你相信什麼跟你的身體有關的事，你的細胞也會相信，它們不會質疑你思考、感覺或相信的任何事；事實上，你的細胞聽得見你的每個思想、感覺和信念。

　　如果你想著或說著「我每次旅行都會有時差」，你的細胞就會把「時差」當作指令，而且一定會執行。如果你認為且感覺到自己有體重問題，你的細胞就會接收體重問題的

指令；它們必須聽從你的指示，讓你的身體保持在過重的狀態。如果你害怕會生病，你的細胞接收到疾病的訊息，就會馬上開始忙著創造出疾病的症狀。你的細胞之所以會回應你的每個命令，其實就是吸引力法則在你體內運作。

「看見每個器官完美的那一面，那麼疾病的陰影永遠籠罩不到你。」

羅伯特‧柯里爾（1885-1950）
新時代思想家

你想要的是什麼？你會喜歡什麼？那就是你必須給你身體的東西。你的細胞是你最忠實的臣民，毫不質疑地服事你，因此你的所思所感都會成為你身體的律法。如果你想要像小時候一樣感覺美好，就給你的細胞這些指令：「我今天感覺超棒」「我有超多能量」「我有完美的視力」「我想吃什麼都行，還能維持理想體重」「我每晚都睡得跟嬰兒一樣安穩」。你是一個王國的統治者，無論你想到、感覺到的是什麼，都會成為你王國的律法——也就是你身體裡的法則。

心的力量

「就某種意義而言，人類是宇宙的縮影；因此，人類是什麼樣子，就是宇宙全貌的線索。」

大衛‧波姆 (1917-1992)
量子物理學家

　　你身體內部其實就是太陽系和宇宙的地圖——你的心臟是太陽，是你身體系統的中心；你的器官則是行星，而就像各大行星依靠太陽維持平衡及和諧一樣，你身體的所有器官也都是靠你的心臟來維持平衡及和諧。

　　加州心臟數理研究院的科學家指出，在心中感受到愛、感恩與感謝，能夠提升你的免疫系統，增加重要化學物質的產出，增加身體的活力，降低壓力荷爾蒙的水準、高血壓、焦慮、罪惡感及倦怠，而且可以改善糖尿病患者體內葡萄糖的調節機制。愛的感覺還能讓心跳的韻律更和諧。心臟數理研究院並指出，心臟的磁場比大腦磁場強五千倍，而且範圍可以從你的身體延伸出去好幾呎遠。

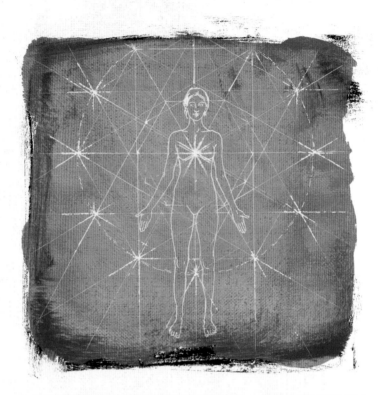

　　在愛對健康所產生的影響這件事情上，其他科學家透過水的實驗革新了我們的理解。水和健康有什麼關係？你的身體百分之七十由水組成，而你的大腦裡面有百分之八十是水！

　　日本、俄羅斯、歐洲及美國的研究人員已經發現，當水接觸到愛和感恩之類的正面字眼及感受時，不只水的能量層次會提升，它的結構也會改變，呈現完美的和諧；正面感受的程度愈高，水的結晶就會變得愈美麗、愈和諧。而當水接觸

到憎恨之類的負面情緒時，其能量層次會降低，而且發生混亂的改變，對水的結構產生負面影響。

　　如果人類的情緒可以改變水的結構，你能想像自己的感覺對你的身體健康有何影響嗎？你的細胞大部分由水組成，每個細胞的中心都是水，而且外面都被一層水完全包著。

　　你能想像愛與感恩對你身體的影響嗎？你能想像愛與感恩的力量可以讓你恢復健康嗎？當你感覺到愛的時候，你的愛就影響了你體內那一百兆個細胞中的水！

如何使用愛的力量獲得全然的健康

「有大愛的地方就有奇蹟。」

薇拉‧凱瑟（1873-1947）
獲普立茲獎的小說家

　　想獲得你想要且喜歡的健康，一定要付出愛！面對任何疾病，都要釋出對健康的美好感受，因為只有愛才能帶來全

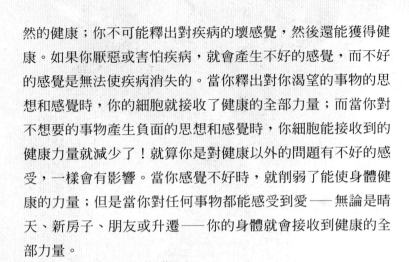

然的健康；你不可能釋出對疾病的壞感覺，然後還能獲得健康。如果你厭惡或害怕疾病，就會產生不好的感覺，而不好的感覺是無法使疾病消失的。當你釋出對你渴望的事物的思想和感覺時，你的細胞就接收了健康的全部力量；而當你對不想要的事物產生負面的思想和感覺時，你細胞能接收到的健康力量就減少了！就算你是對健康以外的問題有不好的感受，一樣會有影響。當你感覺不好時，就削弱了能使身體健康的力量；但是當你對任何事物都能感受到愛 —— 無論是晴天、新房子、朋友或升遷——你的身體就會接收到健康的全部力量。

感恩是很棒的倍增器，所以每天都要對你的健康說「**謝謝你**」。就算你擁有世界上所有的錢，也買不到健康，因為它是來自生命的禮物，所以，最要緊的是要對你的健康表達感激之情！感恩是你所能擁有最好的健康保險，因為它就是健康的保證。

要感謝你的身體，而不是挑它的毛病。每當你認為你不喜歡身體的某部分時，要記住：你體內的水正在接收你的感受。你要衷心地對你喜歡的身體部位說「**謝謝**」，然後忽略你不喜歡的地方。

「*愛牽引出愛。*」

聖女大德蘭 (1515-1582)

修女、神祕學家及作家

　　在進食或喝水前,看著你正要吃或喝的食物,去感受對它的愛與感恩;當你坐下來吃飯時,要確定你的談話內容是正面的。

　　為食物祝福會給它愛與感恩。當你祝福食物時,就改變了食物中水的結構,以及它對你身體的影響。帶著愛與感恩祝福水也有同樣的效用。你傳送的愛的正面感覺可以改變每樣東西中水的結構——所以多使用這股力量吧。

　　在接受任何治療時,你可以付出愛與感恩,並運用其力量。如果你能想像自己的身體狀況很好,就能**感覺到**身體狀況很好;而如果感覺得到,你就會得到這個結果。想要改善健康狀態,你所要做的就是花超過百分之五十的時間付出愛;只要有百分之五十一就跨越了臨界點,讓天平從疾病往健康那一邊傾斜。

　　在檢查視力或血壓、做例行健康檢查、聽取檢驗報告,或是做任何跟健康有關的事情時,很重要的是,在整個過程中和得知結果的那一刻,你都要抱持著美好的感受,這樣才能

得到好的結果。透過吸引力法則，檢查或測試的結果一定會和你所在的頻率吻合，所以如果想要獲得理想的結果，你一定要在那個頻率上才行！人生不會顛倒過來，你生命中每個狀況的結果總是符合你的頻率，因爲那就是吸引力法則！要讓自己進入對健康檢查有美好感受的頻率，就去想像你想要的結果，而且要感覺到你已經如願以償了。每種結果都可能發生，但你必須處在美好的感覺頻率上，才能獲得美好的結果。

「可能性和奇蹟指的是同一件事。」

普蘭特斯，馬福德 (1834-1891)
新時代思想家

　　想像並感覺到你的身體已經擁有你想要的健康。如果想要恢復視力，就對完美的視力付出愛，並想像自己已經擁有那樣的視力；對完美的聽力付出愛，並想像已經擁有那樣的聽力；對完美的體重、完美的身體、某個器官完全健康付出愛，並想像已經擁有它，然後對你目前實際擁有的一切由衷地表達感謝之意！你的身體會轉變成你想要的狀態，但是唯有透過愛與感恩的感覺，它才能做到。

　　當一位年輕、健康的女士被告知罹患罕見的心臟病時，她的人生破碎了。突然間，她覺得很虛弱、很脆弱。她的未來──一個平凡、健康的人生──隨著預後結果消失了，她很害怕自己的兩個女兒會失去母親。不過，這位女士決定盡她所能，去治療自己的心臟病。

　　她拒絕對她的心臟狀態抱持任何負面想法。她每天把右手放在心臟的位置，想像著她那強壯、健康的心臟；每天早上起床時，她都會深深地感謝她強壯、健康的心臟；她還想像心臟科醫生跟她說，她已經康復了。就這樣連續做了四個月後，當心臟科醫生再次檢查她的心臟時，覺得十分錯愕。他們一次又一次地比對新舊兩份報告，因為新的檢驗結果竟顯示這位女士的心臟非常強壯且健康。

　　這位女士是因為愛的吸引力法則而活了下來。她並未讓心臟病的預後結果占據自己的心思，而是對健康的心臟付出愛，結果她反而擁有了健康的心臟。如果你正面臨某種病痛，盡可能不要去想、去談論病情，也不要憎恨疾病，因為那樣做就是在對它釋出負面性。相反地，你要對健康付出愛、要擁有健康，讓健康變成你的。

「盡可能不要去想自己的病痛。要想著力量，那麼
你就會把力量吸引過來；想著健康，你就能得到健
康。」

普蘭特斯，馬福德（1834-1891）
新時代思想家

每當你對自己的健康感受到愛的時候，愛的力量就在消
滅你體內的負面性！如果你發現很難對自己的健康產生美好
的感覺，重要的是要對任何事物感受到愛，所以，你可以讓
自己被圍繞在你喜愛的事物之中，利用那些事物來盡量讓自
己感覺美好。你可以運用外在世界的一切讓自己感受到愛：
去看能使你大笑且感覺良好的電影，而不是那種讓你緊張或
難過的；去聽能讓你產生美好感覺的音樂；請人說笑話給你
聽，或是讓他們告訴你一些他們發生過最糗的事。你很清楚
自己喜歡、最愛哪些事物，你知道什麼能讓你開心，所以多
利用它們，盡可能讓自己感覺良好。多運用「創造過程」，
多運用「力量之鑰」，要記住，只要花最少百分之五十一的
時間去付出愛與美好的感受，就能達到改變一切的臨界點！

如果你想幫助某個生病的人，可以利用「創造過程」，去
想像並感覺到他已經完全恢復健康了。雖然你無法壓過別人
釋放給吸引力法則的東西，但你的力量能幫助他們提升到可
以獲得健康的頻率上。

美麗來自愛

「當愛在你心中滋長時，美麗也會增長，因為愛正
是靈魂之美。」

聖奧古斯丁（354-430）
神學家及主教

　　所有的美都來自愛的力量。你可以透過愛得到無限的美，
問題是，大多數人都在挑毛病、批評自己的身體，多於欣賞
它。看著自己的缺點、對自己身上的任何事都不滿意，並不
會使你變美，只會為你帶來更多缺點、更多不滿而已。

　　跟美有關的事很多，然而，無限的美時時刻刻都被傾注
到你身上，不過你必須付出愛才能得到它！你愈是快樂，就
會愈漂亮──皺紋會消失，皮膚會變得緊緻且開始發光，頭
髮愈來愈濃密且堅韌，眼睛開始發亮且顏色加深。更重要的
是，當你無論去到何處，人們都會被你吸引時，你將見證美
真的來自愛。

你覺得自己多老，你就有多老

　　根據古老的文字記載，人類曾經可以活好幾百年。有些人活了八百年，有人活了五、六百年，長壽原本是稀鬆平常的事。所以到底發生了什麼？是人們改變了他們所相信的，不再認為自己可以活好幾百年；經過許多世代，人們改變了自己的信念，開始相信一個縮短的平均壽命。

　　我們繼承了那些認為平均壽命縮短的信念。從出生開始，關於我們可以活多久的信念就已經被植入我們的腦子和心裡，於是從早年開始，我們就設定自己的身體只能活一定的時間，然後身體就隨著我們設定的程式老化。

　　「生物學中還沒有任何發現指出死亡是無可避免的。這告訴我的是，死亡根本不是無法避免，而且生物學家早晚會找出到底是什麼造成我們這項困擾。」

　　　　　　　　　　　　　　理查・費曼（1918-1988）
　　　　　　　　　　　　　　獲諾貝爾獎的量子物理學家

　　如果可能的話，不要預設自己能活多久。只要有人可以破除平均壽命的限制，那個人將為全人類改變平均壽命的進程。之後就會接連有人打破限制，因為當某人活得遠比目前

的平均壽命久時，其他人就會相信且覺得自己也做得到，然
後他們就會做到！

當你相信且覺得老化及身體機能衰退無可避免時，它們就
會發生，因為你的細胞、器官和身體都會接收你的信念和感
覺。所以開始**覺得**自己很年輕，並停止感受到你的年紀吧。
感受自己的年齡只不過是一個你被賦予的信念，以及你替身
體設定的程式，只要你想要，任何時候你都能透過改變自己
的信念，來改變你發出的指令！

那麼該如何改變信念？方法就是付出愛！限制性信念、老
化或疾病等負面信念都不是來自愛；當你付出愛、當你感覺
美好時，愛會消融任何負面性，包括會傷害你的各種負面信
念。

「源源不絕的愛是生命真正的仙丹，是肉體長壽之
泉。會有衰老的感覺，正是因為缺乏愛。」

約西亞‧吉伯特‧荷蘭 (1819-1881)
作家

愛就是真理

小時候，你非常有彈性和可塑性，因為你還沒形成或接受太多跟生命有關的負面信念；而隨著年紀漸長，你承擔了更多限制的感覺及負面性，讓你變得愈來愈僵化、愈來愈缺乏彈性。這樣的人生一點都不精采，而是一個處處受限的人生。

你愛得愈多，愛的力量就愈能消融你體內和心裡的負面性；而當你快樂、感恩、喜悅時，就能感受到愛融解了一切負面事物。你可以感覺得到！你會覺得輕盈、萬夫莫敵，覺得好像站在世界之頂。

當你付出愈來愈多愛時，你會注意到自己的身體開始發生變化——食物嘗起來會更美味，眼睛看到的顏色會變得更明亮，耳朵聽到的聲音會變得更清澈，身體上的痣或小斑點會開始變淡、消失；你的身體開始覺得更有彈性，僵硬的狀況會消失，關節也不再發出咯吱咯吱的聲音。當你付出愛，並體驗到發生在你身體上的奇蹟時，你將從此不再懷疑愛就是健康之源！

每個奇蹟的背後都是愛

所有奇蹟都是由愛的力量運作而來的；只要遠離負面性，並專注在愛上面，就能創造奇蹟。即使你一輩子都是個悲觀的人，現在開始也不嫌晚。

有位男士一直把自己描述成悲觀主義者。當他從妻子那裡得知第三個小孩即將誕生這個意外消息時，他滿腦子都想著這個孩子將為他們的生活帶來多麼負面的影響。然而他不知道的是，那些負面思想和感覺將會如何發展。

就在她太太懷孕中期，有一天，她被送進醫院進行緊急的剖腹產手術。有三個專科醫生分別都說這個嬰兒能存活的機率是零，因為懷孕期只有二十三週。於是，這位男士跪了下來，他從未想過會失去一個孩子。

剖腹產手術完之後，這位父親被帶到房間的一邊去看他的兒子，這是他看過最小的嬰兒。他兒子出生時身高只有二十五公分，體重只有三百四十公克，醫護人員試圖用呼吸器將空氣打進嬰兒的肺裡，但他的心跳速率一直變慢，專科醫生說他們已經愛莫能助了。這位父親在心裡吶喊著：「請救救他！」就在那一刻，呼吸器成功地將空氣打進他兒子的肺裡，心跳速率也開始回升。

　　幾天過去了。雖然醫院裡所有的醫生仍然認為那個嬰兒撐不了多久，但是這位一輩子都是個悲觀主義者的男士卻開始想像他想要的結果。每晚上床睡覺時，他會想像愛的光芒照在他兒子身上；早上醒來時，他會感謝神讓他的兒子又活過了一晚。

　　他兒子每天都有進步，而他則克服了自己遭遇的每個障礙。在加護病房辛苦地照顧了四個月之後，他和妻子終於可以帶著他們的孩子回家 —— 那個一度被認為**存活機率是零**的孩子。

　　每個奇蹟的背後都是愛。

力量摘要

- 你透過信念或強烈的感覺持續給予身體的束西，之後一定會在你的身體上顯現出來。你的每個感覺都會滲入你全身每一個細胞和器官裡。

- 你是你身體這個王國的統治者，你的細胞則是你最忠實的臣民，毫不質疑地服事你。所以，無論你想到、感覺到的是什麼，都會成為你王國的律法——也就是你身體裡的法則。

- 當你對不想要的事物產生負面的思想和感覺時，你細胞能接收到的健康力量就減少了！而當你對任何事物都能感受到愛——無論是晴天、新房子、朋友或升遷——你的身體就會接收到健康的全部力量。

- 感恩是很棒的倍增器，所以每天都要對你的健康說「謝謝你」。

- 衷心地對你喜歡的身體部位說「謝謝」，然後忽略你不喜歡的地方。

- 想要改善健康狀態，就要花超過百分之五十的時間付出愛；只要有百分之五十一就跨越了臨界點，讓天平從疾病往健康那一邊傾斜。

- 如果你正面臨某種病痛，盡可能不要去想、去談論病情；相反地，你要對健康付出愛、要擁有健康，讓健康變成你的。

- 對完美的體重、完美的身體、某個器官完全健康付出愛，並想像已經擁有它，然後對你目前實際擁有的一切由衷地表達感謝之意！

- 如果你相信你的身體狀況會隨著年紀衰退，你就是在釋放那個信念，然後吸引力法則一定會讓那樣的身體狀況回到你身上。

- 開始覺得自己很年輕，並停止感受到你的年紀吧。

- 透過愛與感恩的感覺，你的身體會轉變成你想要的狀態。

力量與你

「能獲得快樂、美好事物及生命中所需的一切之
力量，就在我們每個人之內。力量——無限的力
量——就在那裡。」

羅伯特‧柯里爾（1885-1950）
新時代思想家

　　每樣事物都有個頻率——每一樣！每個字都有頻率，每個
聲音、每種顏色、每棵樹、每種動物、每種植物、每種礦
物、每個物體也都一樣。每一種食物和液體，每個地方、城
市和國家，空氣、水、火和土的元素，健康、疾病、富有、
缺錢、成功和失敗，每個事件、狀況及情境——以上這些全
都有個頻率，甚至你的名字也有。但你的頻率的真實名稱是
你所感受到的事物！而無論你感受到的是什麼，都會把和你
處於類似頻率的**每一樣事物**帶來給你。

　　如果你很快樂，而且持續感到快樂，那麼只有快樂的人
事物可以進入你的生命；如果你覺得有壓力，而且一直感

受到壓力，那麼只會有更多的壓力透過各種人事物進入你的
人生。當你因為快遲到而一直在趕時間時，就能看見這種狀
況。趕時間是一種負面的感覺，而就如同太陽一定會發光一
樣，當你在趕時間且因為怕遲到而感受到恐懼時，一定會把
各種耽擱你的狀況和阻礙帶到你的路途上。這就是吸引力法
則在你的生命中運作著。

這樣你明白用美好的感覺開始你的一天有多重要了吧？如
果不花點時間讓自己感覺美好，你就無法在那一天接收到美
好的事物；而一旦負面事物來臨，你就得費更多力氣去改變
它們，因為只要它們出現在你面前，你會信以為真！相較之
下，花點時間去產生美好的感覺容易多了，因為這樣負面事
物一開始就進不來。雖然你確實可以藉由改變感受來改變自
己生命中的一切，但如果一開始就有更多美好的事發生在你
身上，不是更棒嗎？

欣賞你的人生電影！

生命很神奇！你一日生活中所發生的事，比你看過的任
何奇幻電影還要奇妙，不過你必須像看電影那樣專注地**看著**
正在發生的事。如果你看電影時因為一通電話而分心，或是
睡著了，就會錯過正在上演的情節。同樣的道理也適用於持

續在你每天的銀幕上放映的人生電影。如果你麻木地晃來晃去、毫無警覺，就會錯過不斷在你生命中對你發出信號，帶領你、指引你的訊息和同步性！

生命在回應你、在跟你溝通。生命中沒有意外或巧合：每樣事物都有個頻率，而當任何事物進入你的生命時，代表它和你在同一個頻率上。你看到的一切——每個招牌、顏色、人、物體等——你聽到的一切，以及每個狀況和事件，都與你頻率一致。

> 「這個連結當中的事實如此驚人，彷彿是造物主自己用電設計了這個星球。」
>
> 　　　　　尼古拉‧特斯拉（1856-1943）
> 　　　　　　　　無線電及交流電發明者

如果開車時看到警車，你會突然變得更警覺。你會看到警車是有原因的，那很可能是在告訴你：「要更小心一點！」而看見警車這件事對你來說甚至可能有更多意義，不過如果想知道答案，你必須問自己：「這是在告訴我什麼？」警察代表法律和秩序，所以警車或許是你生活中某個失序的狀況傳來的訊息，例如你忘了回電給朋友，或是你沒有感謝某人幫你做了某件事。

　　當你聽見救護車的警報聲時，那是在對你說些什麼？是在告訴你要感謝你的健康嗎？是在提醒你要對你生命中其他人的健康付出愛與感恩嗎？當你看到消防車開著警示燈、鳴著警笛，從你身旁呼嘯而過時，那是在告訴你什麼？是在說你人生中有某個地方著了火，需要你去滅火嗎？或者是在告訴你要燃起你的愛？只有你才知道進入你生命中的事物所代表的意義，但是你必須對發生在你周遭的一切保持警覺，這樣你才能提出問題，並接收到給你的訊息所代表的意義。

　　宇宙不斷在給你訊息和回饋，而你一輩子都在接收這些訊息！每當我聽到某件事，即使那是站在我附近的兩個陌生人的對話內容，假如我可以聽見他們說的話，那些話在我的人生中就有意義。他們所說的話是給我的訊息、跟我有關，而且是在回應我的人生。如果我在旅行時注意到某個招牌，且閱讀了上面的文字，那些字對我來說就有意義，那是給我的訊息、跟我有關。而它們之所以跟我有關，是因爲我和它們在同一個頻率上；如果我處於一個不同的頻率，就不會注意到那個招牌，也不會聽到別人的對話。

　　一天當中圍繞在我四周的每樣事物都在對我發出信號，持續給我回饋和訊息。如果我注意到身旁的人不像他們原本那樣快樂或滿臉笑容，我就知道我的感覺頻率往下降了。於是，我馬上會去想我喜愛的事物，一個接一個，直到我覺得快樂一點爲止。

> 「你希望世界變成什麼樣子，自己就必須先成為那
> 個樣子。」

聖雄甘地 (1869-1948)
印度政治領袖

你的祕密象徵物

你可以運用吸引力法則來玩一個遊戲——要求看見愛的力量的實體證據。把一個你喜歡的東西當作愛的力量的象徵物，每當看到或聽見你的象徵物時，你就知道愛的力量和你在一起。我是以明亮、耀眼的光作為自己的象徵物，所以如果太陽光射進我的眼睛，或是它的光照到某樣東西之後反射進我的眼睛，或是我看見反射太陽光且閃閃發亮的任何東西時，我就知道那是愛的力量，而且它就在我身邊。當我滿溢著喜悅與愛時，光會從我周圍的每樣事物反射出來。我妹妹則是把彩虹當作她的象徵物，當她滿溢著愛與感恩時，她視線所及之處，周圍都會出現光的彩虹和各式各樣的彩虹。你可以利用星星、金色、銀色，或是你喜愛的任何顏色、動物、鳥、樹或花來當作你的象徵物；你也可以選擇某個詞或聲音當作你的祕密象徵物。只要確定一件事：無論你選的是什麼，都應該是你絕對喜歡、熱愛的事物。

　　如果你想要的話，還可以選擇一個象徵物當作愛的力量給你的警訊，提醒你要注意了。

　　事實上，你一直都在接收訊息和警告。當你掉了某樣東西、當你被絆倒，衣服勾到某樣東西，或是當你撞到某樣東西時——它們全都是你接收到的警告和訊息，告訴你該停止你正在思考或感覺的事情了！生命中沒有意外或巧合——每一件事都是同步的——因為每樣事物都有個頻率。這只是生命和宇宙的物理學在運作而已。

> 「當我看著太陽系時，我發現地球和太陽之間保持
> 著適當的距離，以接收適當數量的熱和光。這絕非
> 偶然。」

牛頓（1643-1727）
數學家及物理學家

生命很神奇

　　愛和我之間的關係一直持續著，那是任何人所能擁有最神奇、最令人興奮的關係。我想跟你分享我如何帶著這個認知度過每一天。

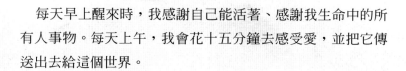

每天早上醒來時，我感謝自己能活著、感謝我生命中的所有人事物。每天上午，我會花十五分鐘去感受愛，並把它傳送出去給這個世界。

我會想像我的一天。想像我一整天都很順利，並因此感受到愛；在做事之前，我想像我一整天所做的每一件事都很順利，並因此感受到愛；在開始做任何事**之前**，我會盡可能去感受我內在的愛，這樣我在做每一件事情時，都是讓愛的力量來引導我！而除非我有美好的感覺，否則我不會打開電子郵件或包裹、撥打或接聽重要的電話，或是做任何重要的事。

早上著裝打扮時，我非常感謝我的衣服。為了節省時間，我也會問：「今天穿哪一套衣服最完美？」幾年前，我決定運用吸引力法則來跟我全部的衣服玩遊戲。我不再努力想弄清楚這件裙子跟那件上衣搭不搭，有時候還要穿上身，然後因為不適合又要脫下來（這又吸引了更多不搭的組合），而是決定把我的造型問題交給愛的力量。我所做的就是，**想像**一下如果我穿上的每件衣服看起來都很棒的話，**感覺**如何。而在想像、感覺，並且問「今天要穿什麼？」之後，現在當我著裝打扮時，對於身上的衣服看起來、感覺起來這麼棒，我真的很驚喜。

走在街上時，我會保持察覺，留意經過我身邊的人。我會盡可能傳送愛的思想和感覺給他人，愈多人愈好；我看著每

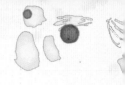

個人的臉，感受到自己內在的愛，並想像他們正在接收我的愛。我知道愛的力量是豐足的金錢、圓滿關係、良好健康及任何人喜愛的任何事物的源頭，所以我將愛傳送給人們，因為我知道我這樣做，就是在把他們需要的任何事物傳送給他們。

當我發現某人似乎有特別的需要，例如沒有錢買他想要的東西時，我會送給他金錢豐足的思想；如果有人看起來悶悶不樂，我就傳送快樂給他；如果某人看起來壓力很大，而且一直在趕時間，我就傳送平靜及喜悅的思想給他。無論我是在買東西、逛街或開車，只要身處人群之中，我就會盡最大努力把愛傳送出去。我也了解到，每次我發現某人有特殊需求時，那也是一個給我的訊息，要我懂得對金錢、快樂及我生命中的平靜和喜悅表達感恩之情。

搭飛機時，我傳送愛給每一個人；在餐廳用餐時，我傳送愛給那裡的人和食物；跟機關團體或公司打交道，或是在商店購物時，我會傳送愛給那裡所有的人。

當我要開車前往某個地方時，我會想像自己快樂、平安地返抵家門，並且說：「謝謝。」上路之前，我會問：「走哪一條路最好？」每次進出房子時，我會對我的房子說「謝謝」；在超市買東西時，我會問：「還需要買些什麼？」「東西都買齊了嗎？」而我總是會得到答案。

「知識當然是鎖，而它的鑰匙是提問。」

加法爾·薩迪克（702-765）

伊斯蘭教精神領袖

　　我每天都會問很多問題，有時是好幾百個。我會問：「我今天過得如何？」「在這種情況下，我該怎麼做？」「最好的決定是什麼？」「這個問題的解決方案是什麼？」「對我而言，哪一個是最好的選擇？」「這個人或這個公司適合嗎？」「我如何讓感覺好一點？」「我如何提升自己的感受？」「我今天需要在哪裡付出愛？」「我能看見哪些我很感謝的事物？」

　　當你提問時，你是在**給出**問題，然後你一定會**得到**答案！不過你必須留心、保持警覺，才能看到或聽到你問題的答案。你或許是透過讀到、聽到或夢到某件事而得到答案，有時則是突然間就知道你問題的解答。反正你總是會得到答案！

　　如果我把某樣東西放錯位置，例如鑰匙，我會問：「我的鑰匙在哪裡？」而我總是會得到答案。但不是這樣就停了，當我找到鑰匙時，我會問：「這是在告訴我什麼？」也就是說，我為什麼會把鑰匙放錯地方？因為每件事都有個原因！生命中沒有意外或巧合。有時候，我得到的答案是：「慢一

點，你太急了。」有時答案則是：「你的皮夾不在你的手提袋裡。」於是我環顧房間，就能找到鑰匙，而我的皮夾就在那裡。有時候，我沒有馬上得到答案，但是當我正要出門時，電話響了，原來是我正要赴的那個約取消了，這時我立刻就知道鑰匙放錯地方這件事之所以會發生，是爲了一個正面的理由。我喜愛生命運作的方式，但除非提出問題，否則你得不到任何答案或回饋！

有時候，生命會丟給我一些棘手的事，不過當它們發生時，我知道這是我自己吸引來的。我總是會問，我是怎樣吸引到這些問題的，這麼一來，我就可以從中學習，而不會重蹈覆轍！

我盡可能對這個世界付出愛，來回報我獲得的一切。我在每一樣事物和每個人身上尋找美好的地方，我對每一件事都很感恩。而當我付出愛時，我感覺到愛的力量席捲了我，讓我充滿愛與喜悅，簡直快要不能呼吸；就連你試著把愛傳送回去給你接收到的一切時，愛的力量也會讓那份愛倍增，然後送回**更多**愛給你！你的人生只要經歷過一次這種感覺，你將從此徹底改變。

愛會爲你做任何事

　　你可以駕馭愛的力量，來幫助你完成人生中的任何事。你可以把需要記得的事情交託出去，然後要求愛的力量在完美的時間點提醒你。你可以讓愛的力量變成你的鬧鐘，在你希望的時間叫醒你。愛的力量將成爲你的個人助理、財富管理經理、個人健康教練、人際關係諮商師，而它會管理你的錢、你的體重、你的食物、你的人際關係，或是你想交給它的任何工作。不過，唯有當你透過愛和感恩，與愛的力量合而爲一時，它才會爲你做這些事！唯有當你透過愛，把你的

力量和愛的力量合而爲一，並且鬆開你那緊緊握住的拳頭，不再試圖自行掌控生命中的每一件事情時，它才會爲你做這些事。

> 「當你的信心增強時，你會發現不再需要控制，事物將自行流動，而你會跟隨著它們，找到你極大的喜悅及利益。」

> **溫格特，潘恩**（1915-1987）
> 作家及攝影師

　　與生命中最偉大的力量合而爲一吧！無論你希望愛的力量爲你做些什麼，只要想像已經擁有它，並帶著絕對的愛與感恩去感受自己已經擁有了，那麼你就會接收到。

　　善用你的想像力，並想著所有愛的力量能爲你做的事。愛的力量就是**那個**生命和宇宙的智慧。如果你能想像那個有能力創造出花朵，或在人體中創造出細胞的智慧，那麼你將會感謝無論在哪一種情況下，你所提出的任何問題都會得到完美的解答。愛會爲你做任何事，但你必須透過愛與它合而爲一，才能在你的生命中展現愛的力量。

到底會有什麼差別

「從錯綜複雜中發現簡單；從不一致中發現和諧；
困難之中蘊藏著機會。」

愛因斯坦 (1879-1955)
獲諾貝爾獎的物理學家

　　如果你的心思被太多瑣事占據，那些小事情會讓你分心，
把你拉下來；如果你一直繞著那些無關緊要的瑣事團團轉，
就無法心無旁騖地產生美好的感覺。就算在乾洗店關門前的
最後一刻才把衣服送到，有什麼關係？如果你所屬的球隊這
星期輸掉了比賽，對**你的**人生有什麼影響？下星期還是有比
賽啊。錯過一班公車又怎樣？雜貨店裡的柳丁賣完了，對你
會有什麼影響？如果你必須排隊等個幾分鐘，有什麼關係？
在事情發展的整個過程中，那些小事能造成多大的差別？

　　細微的瑣事讓你分心，而且會妨害你的生活，如果太關注
不必要的瑣事，你將難以感覺美好。在你人生的計畫中，那
些事情沒有一件是重要的！沒有任何一件！所以，讓你的生
活變得簡單一點，這樣可以保護你美好的感覺。簡化自己的
人生吧，因為當你丟掉瑣事時，就創造出空間，讓你想要的
一切湧進你的生命裡。

你賦予生命意義

　　你為生命中的每一樣事物加上意義。沒有一種狀況出現的時候帶著好或壞的標籤，每一樣事物都是中性的。一道彩虹和一陣雷雨沒有好壞之分，它們就只是彩虹和雷雨，是你透過對彩虹的感覺賦予它意義，是你透過對雷雨的感覺賦予它意義，是你透過對每樣事物的感受，而一一為它們加上意義。工作沒有好壞之別，它就只是一份工作，但你對你的工作的感受，決定了它對你來說是好是壞；一段關係本身沒有好壞，它只不過是一段關係，但你對某一段關係的感受，決定了它對你來說是好或不好。

「事物沒有好壞之分，是思想使其有好壞之別。」

莎士比亞（1564-1616）
英國劇作家

　　如果某人傷害了他人，吸引力法則不會沒有回應，它可能會利用警察、法律或任何方式，以其人之道，還治其人之身。不過對吸引力法則來說，有一件事是確定的：我們得到的，就是我們給出去的。如果你聽說某人被別人傷害，當然可以同情受害者，但千萬不要論斷任何人。如果你評判某人，認為他不好，你就不是在付出愛；而且在想著某人不

好的時候，事實上，你已經替自己貼上了不好的標籤。你給
出去的是什麼，**你**就會得到什麼。當你對別人釋出負面感受
時，無論他們做過些什麼，那些不好的感覺都會回到**你**身
上！它們會以你釋放出去的同等力道回來，在**你的**人生中創
造出負面情境。對愛的力量而言，**沒有**任何藉口！

　　「對所有生命付出愛的人生是圓滿、富足的，並且
　能不斷擴展其美麗與力量。」

　　　　　　拉爾夫・沃爾多・川恩（1866-1958）
　　　　　　　　　　　　　新時代思想家

愛是這個世界的力量

　　愛的力量沒有對立面。生命中除了愛之外，沒有其他力
量，所謂的負面力量並不存在。古時候，負面性有時被描述
成「魔鬼」或「罪惡」，但所謂被魔鬼或罪惡誘惑，只是意
味著禁不起誘惑，掉進負面的思想和感覺裡，而沒有堅定地
站在愛的正面力量中，如此而已。負面力量並不存在，生命
中只有一股力量，那股力量就是愛。

　　你在這世上看見的所有負面事物，都只是缺乏愛的表現。
無論那個負面性是出現在人、地方、情境或事件中，統統都

是源自缺乏愛。悲傷的力量並不存在，因為悲傷就是缺乏快樂，而所有的快樂都來自於愛；失敗的力量並不存在，因為失敗就是缺乏成功，而所有的成功都來自於愛；疾病的力量並不存在，因為疾病就是缺乏健康，而所有的健康都來自於愛；貧窮的力量並不存在，因為貧窮就是缺乏富足，而所有的富足都來自於愛。愛是生命的正面力量，而**任何**負面狀況**都是**源自缺乏愛。

　　當人們來到付出的愛比負面性更多的臨界點時，我們就會看到負面性快速地從這個星球消失。想像一下，每當你選擇付出愛時，你的愛就幫助整個世界往正面性那一端傾斜！有些人相信我們現在非常接近那個臨界點，而無論他們說的對不對，比起以往，**現在**是該付出愛與正面性的時候了。為了你的人生，為了你的國家，為了這個世界，請你這麼做吧。

　　「心正而後身修，身修而後家齊，家齊而後國治，
　　國治而後天下平。」

孔子（西元前551-479）
中國哲學家

你在這個世界擁有許多力量，因為你能付出的愛就是有那麼多。

力量摘要

- 每樣事物都有個頻率──每一樣！無論你感受到的是什麼，都會把和你處於類似頻率的每一樣事物帶來給你。

- 生命在回應你、在跟你溝通。你看到的一切──每個招牌、顏色、人、物體等──你聽到的一切，以及每個狀況和事件，都與你頻率一致。

- 如果你很快樂，而且持續感到快樂，那麼只有快樂的人事物可以進入你的生命。

- 生命中沒有意外或巧合──每一件事都是同步的──因為每樣事物都有個頻率。這只是生命和宇宙的物理學在運作而已。

- 把一個你喜歡的東西當作愛的力量的象徵物，每當看到或聽見你的象徵物時，你就知道愛的力量和你在一起。

- 做每一件事情時，都讓愛的力量來引導你。想像你一整天所做的每一件事都很順利，而且在做任何事之前，盡可能去感受你內在的愛。

- 每天都要問問題。當你提問時，你是在給出問題，然後你一定會得到答案！

- 駕馭愛的力量，來幫助你完成人生中的任何事。愛的力量將成為你的個人助理、財富管理經理、個人健康教練和人際關係諮商師。

- 如果你的心思被太多瑣事占據，那些小事情會讓你分心，把你拉下來。所以，讓你的生活變得簡單一點吧，不要把瑣事看得太重要；就算錯過一些小事，又有什麼差別？

- 愛的力量沒有對立面。生命中除了愛之外，沒有其他力量。你在這世上看見的所有負面事物，都只是缺乏愛的表現。

力量與生命

　　人類無法想像不存在。我們或許可以想像自己的軀體不
再存活，但就是無法想像自己不存在。你認為那是為什麼？
你覺得是偶發事件嗎？不是的。你之所以無法想像自己不存
在，是因為你不可能不存在！如果你想像得到，就可以創造
出你不存在這件事，然而你永遠創造不出來！你一直都存
在，也將永遠存在，因為你是宇宙的一部分。

　　「過去，從沒有一個時候，我、你、所有這些國王，
　　不存在；未來，也如是。棲息於軀體的靈魂，在軀體
　　中，經歷童年，終至老年，死後離開這個軀體，到另
　　一軀體去。自覺的靈魂不會為此變化所眩。」

　　　　　　　　　　　　　薄伽梵歌（西元前5世紀）
　　　　　　　　　　　　　　　　　古印度經典

那麼人死的時候會發生什麼事？軀體不會憑空消失，因為沒有這種事，它把自己整合進宇宙的成分之中。而那個在你之內的存在體——那個**真實的**你——也不會憑空消失。「存在體」這個詞告訴你，你將永遠存在！你不是一個「曾經存活」的人！你是一個永恆的存在體，只是暫時住在人體中；如果你停止存在，那麼宇宙會出現一個空隙，而整個宇宙會塌陷到那個空隙裡。

　　一個人離開他的軀體後，你看不到他的唯一原因是，愛的頻率是肉眼看不見的。你也無法看見紫外線的頻率，而愛的頻率——亦即他所在的頻率——是創造之中最高的頻率，連世界上最棒的科學設備也偵測不到。但是要記住，你可以**感受到**愛，所以即使再也見不到某人，你依然可以在愛的頻率上感覺到他。在悲痛或絕望之中是感覺不到他的，因為那些頻率離他所在的頻率很遠；然而當你處於愛和感恩的最高頻率時，你就可以感覺到他。他從未遠離你，你也從來沒有和他分離，透過愛的力量，你一直和生命中的一**切**彼此相連。

天堂就在你心裡

「天堂和地球的所有準則，都在你心裡。」

植芝盛平（1883-1969）
合氣道創始人

古老的文字記載著「天堂就在你心裡」，它們指的是你存在體的頻率。當你離開自己的軀體時，就自動處於純粹之愛的最高頻率上，因為那是你存在體的頻率。而古時候，這個純粹之愛的最高頻率被稱為「天堂」。

不過，天堂是你此生就可以在這裡找到的地方，而不是你的軀體死後才能去的所在。你應該在這裡尋找天堂——當你還在這個地球上時。而天堂確實在你之內，因為那是你存在體的頻率。要在地球上找到天堂，就要用和你的存在體同樣的頻率——純然的愛與喜悅——來度過你的人生。

爲了生命之愛

「問題不在於你到底要不要堅持下去，而是你打算
如何享受它。」

羅伯特，瑟曼 (生於1941年)
佛教作家及學者

　　你是永恆的存在體，在這世上你有足夠的時間去體驗所有
的事。時間不會不夠，因爲你擁有永恆！你的前方還有許多
冒險活動、許多事情要去經歷，而且不只是在地球上冒險，
因爲一旦我們對地球駕輕就熟了，就會在其他世界展開新的
冒險。宇宙中有我們現在想像不到的其他銀河系、次元和生
命，而我們全都會體驗到，並且將一起經歷這一切，因爲**我
們**都是宇宙的一部分。從現在開始的幾十億年後，當我們在
整個宇宙中尋找下一個冒險目標時，將會發現世界中還有世
界、銀河系中還有銀河系，以及無限的次元，在我們的眼前
永恆地延伸下去。

　　所以你現在覺不覺得，也許你比過去自以爲的還要特別一
點？你是否認爲，也許你比過去自以爲的更有價值？你、你
所認識的每個人，以及每一個曾經活著的人，你們的生命都
沒有盡頭！

　　難道你不想擁抱人生，對它說「**謝謝**」嗎？難道你不會對前方的冒險感到興奮嗎？你難道不想站在山頂，帶著喜悅對永無止境的人生大聲說「**是**」嗎？

你人生的目標

> 「對於任何事物，除了感恩與喜悅之外，你再無其他理由。」
>
> 　　　　　　　　　佛陀（西元前563-483）
> 　　　　　　　　　　佛教創始人

　　你人生的目標是喜悅，那麼，你認為人生中最大的喜悅是什麼？付出！如果六年前有人告訴我，人生最大的喜悅是付出，我會說：「你當然可以那樣說，但我現在掙扎過活、入不敷出，所以沒有什麼可給的。」

　　生命中最大的喜悅是付出，因為除非你給予，否則你將永遠掙扎著過日子。生活中的問題會接踵而至，而且就在你認為每件事都進行得很順利時，會突然發生某件事，把你丟回掙扎和困境裡。人生中最大的喜悅是付出，而你唯一能付出的東西就是你的愛！你的愛、喜悅、正面性、興奮、感恩和熱情是生命中真實且永恆的事物，世界上所有財富都無法跟

整個宇宙最無價的禮物──你內在的愛──相提並論！

　　獻上最好的自己。付出你的愛，因為它是吸引人生**所有**財富的磁鐵，而你的人生將變得比你所想的還要富足，因為當你付出愛時，就是在實現人生的全部目標。付出愛時，你會收到許多愛與喜悅，多到讓你覺得幾乎超過你能收下的，但你可以收下無限的愛與喜悅，因為那就是你所是的樣子！

> 「當有一天人類能克服風、波浪、潮汐及重力時，
> 我們將為神駕馭愛的能量，那將是歷史上，人類第
> 二次發現火。」

德日進（1881-1955）
牧師及哲學家

　　你帶著你的愛來到這個世界，而這也是你唯一帶著的東西。當你活在這世上時，每次你選擇正面事物、每次你選擇感覺美好，就是在付出你的愛；你用你的愛點亮了世界。而無論你走到哪裡，你許的每個願望、夢想的每件事、喜愛的每樣東西，都將跟隨著你。

　　你的內在有一股宇宙中最強大的力量，有了它，你**將會擁**有精采的人生！

　　這股**力量**就在你之內。

開始

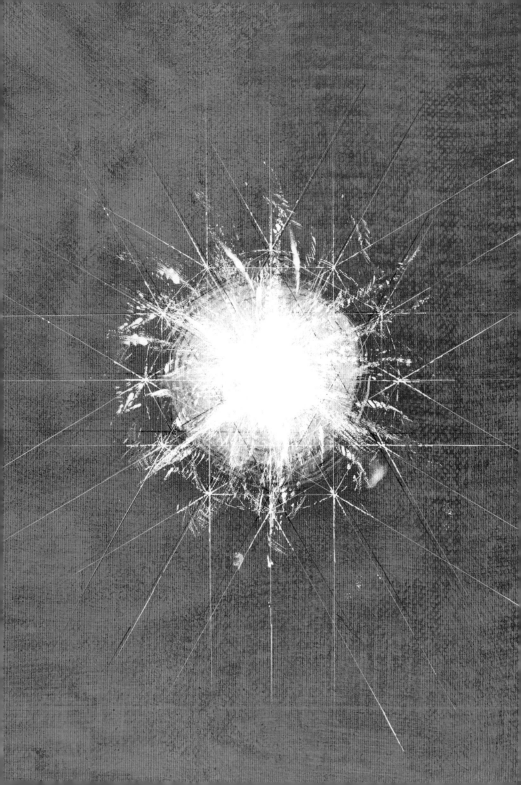

力量摘要

- 你一直都存在，也將永遠存在，因爲你是宇宙的一部分。

- 你、你所認識的每個人，以及每一個曾經活著的人，你們的生命都沒有盡頭！

- 要在地球上找到天堂，就要用和你的存在體同樣的頻率——純然的愛與喜悅——來度過你的人生。

- 生命中最大的喜悅是付出，因爲除非你給予，否則你將永遠掙扎著過日子。

- 你的愛、喜悅、正面性、興奮、感恩和熱情，是生命中真實且永恆的事物，世界上所有財富都無法跟整個宇宙最無價的禮物——你內在的愛——相提並論！

- 付出你的愛，因爲它是吸引人生所有財富的磁鐵。

- 當你活在這世上時，每次你選擇正面事物、每次你選擇感覺美好，就是在付出你的愛；你用你的愛點亮了世界。

願《The Power力量》帶給你一生
愛和喜悅

這就是我想要給你的
也獻給這個世界

作者簡介

朗達・拜恩的用意是：爲全球數十億人帶來喜悅。

透過《祕密》這部全球共有數百萬人看過的影片，她開始了探索之旅。後來她又寫下《祕密》這本風行全球、目前總共有四十六種語言版本的暢銷書。

現在藉由《The Power力量》，朗達・拜恩延續她突破性的工作，揭露了宇宙中最強大的力量。

國家圖書館出版品預行編目資料

The Power力量 / 朗達·拜恩（Rhonda Byrne）著.
-- 初版 -- 臺北市：方智，2011.04
272面；14.8×20.8公分 --（方智叢書；205）

　ISBN 978-986-175-221-1（平裝）
　1.成功法 2.自我實現

177.2　　　　　　　　　　　100000960

The Eurasian Publishing Group
圓神出版事業機構
用心閱你對話·縮野無限寬廣

方智出版社
Fine Press

http://www.booklife.com.tw　　　　reader@mail.eurasian.com.tw

方智叢書 205

The Power力量

作　　者／朗達·拜恩（Rhonda Byrne）
譯　　者／王莉莉
發 行 人／簡志忠
責任編輯／黃淑雲　　　行銷企畫／吳幸芳·涂姿宇
出 版 者／方智出版社股份有限公司
地　　址／台北市南京東路四段50號6樓之1
電　　話／（02）2579-6600·2579-8800·2570-3939
傳　　真／（02）2579-0338·2577-3220·2570-3636
郵撥帳號／ 13633081　方智出版社股份有限公司
經 銷 商／叩應股份有限公司
法律顧問／圓神出版事業機構法律顧問　蕭雄淋律師
印　　刷／國碩印前科技股份有限公司
2011年4月　初版　　2024年6月　100刷

定價 320 元　　　　ISBN 978-986-175-221-1　　　版權所有·翻印必究

◎本書如有缺頁、破損、裝訂錯誤，請寄回本公司調換　　Printed in Taiwan

TS0222PWB_US12FA